장난감이 필요 없는
아이 주도
오감놀이백과
0~4세

강윤경 · 김원철 지음

PROLOGUE

저는 작업치료사로서 어린 아이들을 치료하는 병원에서 근무를 하다, 아이가 태어난 후에는 육아에 전념하고자 36개월 동안 오롯이 아이 옆에서 제가 가진 경험과 지식을 활용해 함께 놀고 학습하는 육아맘으로 생활하고 있습니다.

육아는 정말 만만치 않죠. 임신 중 계획하고 상상했던 육아는 현실과 180도 달랐고, 새로운 세계에 도전하는 기분으로 매일매일을 보낸 것 같아요. 특히 저는 응급 제왕절개로 아이를 출산한 데다가 아이가 저체중이었던 경우라 더 스트레스를 받았던 것 같아요. 아이가 밥을 잘 먹지 않을 때, 아플 때 모든 것이 제 탓인 것만 같아 아이에게 미안했고, 육아에 대한 자신감마저 잃어가고 있었죠.

그러던 어느 날, 계속 이렇게 의심소침하게 있으면 안 된다는 생각이 번뜩 들더라고요. 저에게도 아이에게도 못할 짓인 것 같았어요. 그래서 '엄마가 행복해야 아이도 행복하다'는 말을 되새기며 나와 아이가 행복해지고 잘할 수 있는 일을 찾았답니다. 그것은 바로 '아이와 함께하는 엄마표 오감놀이'였어요. 하루에 10분 정도지만 매일 놀이시간을 만들어 아이와 의미 있는 시간을 가졌어요. 짧은 놀이시간이 별것 아닌 것 같았지만 하루하루 쌓이니 자신감이 생겨 더이상 육아가 부담스럽지 않고 편안해지는 기분이 들더라고요. 또, 아이 또래 부모들과 이야기를 나누면서 아이와 집에서 할 수 있는 놀이 방법을 궁금해하는 분들이 많다는 것을 알게 된 후에는 아이와 함께했던 놀이를 소셜 미디어에 공유하기 시작했습니다. 제 글을 보고 그동안 궁금했던 오감놀이 방법을 제대로 알 수 있었다고 말해주는 이웃들 덕분에 보람을 느끼며, 어떻게 하면 아이의 오감을 자극하며 더 재미있게 놀 수 있을까를 고민하게 되었어요.

영유아기는 다양하게 탐색하며 경험을 쌓아가는 시기이기 때문에 아이의 발달 단계에 맞게 충분히 탐색하고 놀아보면서 아이 스스로 놀이를 만들고 생각하는 시간을 많이 갖는 것이 좋아요. 요즘 창의력 향상을 위해 책을 읽어주고 체험과 교육기관에도 많이 다니지만, 창의력은 아이 스스로 관찰해 보고 충분히 생각하는 시간을 갖는 것에서부터 시작된다고 생각해요.

부모는 아이가 무엇을 좋아하는지 지켜봐주시고 호기심과 흥미가 생길 수 있도록 지지해주는 역할만 해주시면 돼요. 충분한 탐색 시간을 갖고 자유롭게 놀이의 변형이 가능한 오감놀이를 통해 자기 주도 놀이를 함으로써 창의력을 키우고 나아가 스스로 문제를 해결할 수 있는 아이로 자랄 거예요.

이 책이 아이에게는 다양한 경험을 바탕으로 생각하는 자유로움을 느끼게 해주고, 부모에게는 놀이의 아이디어를 제공하여 놀이에 대한 부담감을 덜 수 있는 계기가 되었으면 좋겠어요. 오감놀이는 재료 준비가 필요하고 놀이 후에는 청소도 해야 하기 때문에 결코 간단한 것은 아니지만 세상 행복한 표정으로 놀이를 즐기는 아이의 모습을 본다면, 준비 과정과 놀이 후 수고로움에 충분한 보상이 될 거예요.

저자 강윤경 · 김원철

CONTENTS

CHAPTER 01 아이 주도 놀이 WARMING-UP

001 오감놀이 워밍업
- ★ 오늘은 뭐하지? 아이와 단둘이, 하루가 너무 길어요 ····· 16
- ★ 집에서 하는 오감놀이 어떤 점이 좋나요? ····· 18
- ★ 모든 아이에게 똑같은 놀이를 해줘야 한다? ····· 20
- ★ 오감놀이에서 엄마의 역할은 어디까지? ····· 22
- ★ 기상천외한 아이의 질문 세례, 당황하지 마세요 ····· 23
- ★ 개월 수에 맞지 않는 놀이를 아이가 좋아해요. 그냥 해줘도 될까요?··· 24
- ★ 장난감은 조금만! 재활용품과 미술 재료를 많이 활용해주세요 ····· 24
- ★ 엄마표 오감놀이 전 꼭 확인하세요! ····· 25

CHAPTER 02 아이 주도 놀이 생후 0~3개월

001 첫 대화를 시작해 볼까요? ····· 33
002 미끌미끌 로션을 발라요 마사지놀이 ····· 35
003 점점 잘 보여요 육아 효자템 '모빌' 놀이 ····· 37
  - ★ 모빌로 놀아요 ····· 37
  - ★ 초간단 모빌 만들기 ····· 39
  - ★ 자연물을 이용한 컬러 모빌 만들기 ····· 40
004 신생아 필수 놀이 터미 타임(목 가누기 놀이) ····· 42
005 엄마 목소리가 들려요 휴지심 통화놀이 ····· 45
006 엄마, 아빠는 최고의 명품 배우! ····· 47
007 두 손을 모아 볼까? ····· 49

4 아이 주도 오감놀이백과

생후 4~6개월
아이 주도 놀이

001 내 발을 찾아라! ··· 55
002 흔들흔들 손수건놀이 ··· 57
003 데굴데굴 양말공으로 놀아요 ································ 60
004 아빠와 함께하는 신체놀이 ···································· 62
005 누구세요? 신기한 거울놀이 ·································· 65
006 쪽쪽쪽 입에 넣어도 안심 색종이놀이 ···················· 67
007 오감장난감으로 놀아요 훌라후프놀이 ···················· 69
008 생애 첫 그림책놀이 ··· 71

생후 7~9개월
아이 주도 놀이

001 어? 재미있는 소리가 나네? ·································· 78
　★ 맘마통도 내 장난감! ··· 78
　★ 탕탕탕!!! 냄비드럼 연주가 ································· 80
　★ 쉐킷쉐킷~! 곡물 마라카스를 흔들어 봐요 ············ 82
002 팡팡! 대롱대롱 풍선놀이 ······································ 84
003 엄마, 놀이가 맛있어요 ··· 86
　★ 보들보들, 두부놀이 ··· 86
　★ 미끌미끌, 미역놀이 ··· 88
　★ 달콤달콤 바나나가 궁금해 ·································· 90
　★ 입에 넣어도 안심, 분유놀이 ······························· 92
004 엉금엉금 쿠션산을 올라가 볼까? ·························· 94
005 술술 빼면 스트레스 안녕! ···································· 96
006 있다! 없다! 까꿍놀이 ··· 98

CONTENTS **5**

CHAPTER 05 아이 주도 놀이
생후 10~12개월

- **001** 미끌미끌, 향기도 좋아요 로션놀이 ········· 105
- **002** 책으로 하는 신체놀이 ········· 107
- **003** 종이 상자는 요술장난감 ········· 110
  - ★ 종이 상자 터널놀이 ········· 110
  - ★ 공을 구멍에 쏙쏙 넣어요 ········· 112
  - ★ 나만의 미니 볼풀장 ········· 113
- **004** 이젠 나도 설 수 있어요! ········· 115
  - ★ 팡팡~ 쳐보고, 딸랑딸랑~ 소리도 들어보아요 ········· 115
  - ★ 대롱대롱 내 과자 ········· 116
- **005** 사진앨범 하나로 가족사진놀이 ········· 118
- **006** 길쭉길쭉 냠냠! 국수놀이 ········· 120
- **007** 먹어도 안심! 천연물감놀이 ········· 123
- **008** 줄만 있어도 재미있어요 ········· 125
  - ★ 멋진 연주가가 꿈이에요 ········· 125
  - ★ 거미줄 속 인형을 구하라 ········· 126
- **009** 뽀족뽀족 고슴도치가 되었네? ········· 128
  - ★ 손가락 힘을 길러요 ········· 128
  - ★ 꼭꼭 숨어라, 빨래집게 보인다 ········· 129

CHAPTER 06 아이 주도 놀이
생후 13~18개월

- **001** 동글동글 곡물놀이 ········· 135
- **002** 부스럭부스럭 재미있는 종이파티 ········· 137
  - ★ 혼자서도 잘 찢을 수 있어. 사자갈기 종이놀이 ········· 137
  - ★ 뗐다 붙였다 신기한 종이 ········· 139
  - ★ 오감만족 종이보물상자 ········· 141
  - ★ 종이로 염색을 해요 ········· 142
- **003** 재활용 촉감놀이 ········· 144
- **004** 폭신폭신 목욕스펀지놀이 ········· 146
- **005** 손에 안 묻네? 요술물감놀이 ········· 148
- **006** 보들보들 이불놀이 ········· 150
  - ★ 이불로 김밥을 만들어요 ········· 150
  - ★ 흔들흔들 이불그네 ········· 152
- **007** 조물조물 만득이 친구들 ········· 153

CHAPTER 07 아이 주도 놀이
생후 19~24개월

001 가루야 가루야, 아이 좋아! ················· 159
002 알록달록 물감은 신세계예요 ············· 161
　★ 내 맘대로 색칠해 볼까? ··················· 161
　★ 동글동글 얼음물감 ························· 163
003 폴더매트 하나면 에너지 분출 완료! ······ 165
004 쌓고, 부수고, 건너고 우리 집은 체육관 ··· 167
　★ 종이 블록놀이 ······························ 167
　★ 종이컵놀이 ·································· 169
005 쏙쏙 집게놀이 ·································· 172
006 나는야 멋진 강태공!!! ························ 174
　★ 둥둥 떠다니는 뚜껑을 구출하라! ········ 174
　★ 멸치 낚시를 해 보자! ······················ 175
007 한 발씩 점프! 쿠션놀이 ······················ 177
008 신문지놀이 종합 세트! ······················· 179
009 후후~ 불며 구강 운동을 해요 ············· 181
010 쭉쭉 늘어나는 스타킹놀이 ················· 183

CHAPTER 08 아이 주도 놀이
생후 25~36개월

001 폭신폭신 아빠크림놀이 ······················ 189
002 오늘은 내가 엄마의 보조 요리사 ········· 192
003 알록달록 테이프놀이 ························· 195
004 치카치카, 양치놀이 ··························· 198
005 자연과 함께 놀아요 ··························· 201
　★ 데굴데굴 자연물 미술놀이 ················ 201
　★ 나뭇잎 얼굴을 만들어 볼까요? ·········· 203
　★ 선캐처를 만들어요 ························· 205
006 반짝반짝 야광 파티 타임(!!!) ··············· 207
　★ 신나는 야광봉 파티 ························ 207
　★ 반짝반짝 반딧불이 친구 ··················· 209
007 자동차로 그림을 그렸어요 ················· 211
008 우리는 왕발 왕손 가족 ······················· 213

009 에너지 발산, 바깥놀이 ·· 215
　　★ 뱀 비눗방울을 만들어요 ··· 215
　　★ 바닥에 쓱쓱 그려요 ··· 216
010 보글보글 신기한 가루! ·· 219
011 돌돌돌 휴지로 스트레스를 풀어요 ································· 221
012 농부 아저씨가 되었어요 ·· 224
　　★ 채소를 수확해요 ·· 224
　　★ 우유가 너무 좋아! ··· 226
013 싹둑싹둑 가위놀이 ·· 228
014 쓱싹쓱싹 청소놀이 ·· 230
015 팅팅 탱탱 고무줄놀이 ·· 233
016 엄마, 아빠와 함께 튼튼한 몸 만들기! ································ 235

CHAPTER 09 아이 주도 놀이
생후 37개월 이후

001 반짝반짝 빛나는 상자놀이 ··· 241
　　★ 라이팅 박스 샌드아트 ·· 241
　　★ 라이팅 박스 물감놀이 ·· 243
　　★ 알록달록 나무 만들기 ·· 244
002 나는야 사격명수!!! ··· 247
003 소방관이 되었어요 ··· 249
004 라이스페이퍼로 오감놀이 ·· 251
005 동글동글 과자 애벌레 친구! ·· 253
006 미켈란젤로로 변신했어요 ·· 255
007 종이접시 하나면 놀이가 재미있어요 ································ 257
　　★ 종이접시 운동회! ··· 257
　　★ 상상력 쑥쑥, 우주 행성 놀이 ······································ 259
008 은빛 위에 그린 나의 그림 ··· 261
009 휙휙 카드를 뒤집어 보자 ·· 263
010 내 얼굴 퍼즐 ··· 265
011 우리 집 그림자 인형극장 ·· 267
012 커피 머드놀이 ··· 269

강철서누맘이 추천하는 상황별 놀이

1 잠자기 전 이완놀이

밤마다 아이 재우기 너무 힘들죠? 잠을 자지 않는다고 다그치고 힘들어하지 마시고 아이와 잠자기 전 이완놀이를 통해 몸을 편안하게 한 후 천천히 아이와 수면의식을 한다면 잠자기 전쟁을 치루지 않고 즐겁게 재울 수 있을 거예요. 아이와의 놀이 시간이 적은 워킹맘, 워킹대디에게도 안성맞춤인 놀이랍니다. 이완놀이를 하기 전에 주의해야 할 점은 잠자리에 들기 1~2시간 전에 놀이를 해주어야 한다는 것입니다. 땀을 흘리고, 목욕과 샤워를 하는 과정에서 오히려 잠이 깰 수도 있거든요. 또, 너무 과격한 놀이나 미디어 시청으로 아이의 각성도를 높이지 말아주세요.

- 생후 0~3개월 미끌미끌 로션을 발라요. 마사지놀이 P.35
- 생후 4~6개월 생애 첫 그림책놀이 P.71
- 생후 13~18개월 보들보들 이불 놀이 _ 이불로 김밥을 만들어요 P.150
- 생후 37개월 이후 우리 집 그림자 인형극장 P.267

2 영유아기 스트레스를 날려버릴 수 있는 놀이

어리다고 스트레스가 없지 않아요. 세상 걱정 없어 보이는 아이지만 나름의 스트레스를 받는다고 해요. 책에서 소개하는 놀이를 통해 영유아기 스트레스를 관리해주면 우리 아이의 인성도 올바르게 성장할 수 있답니다.

- 생후 0~3개월 미끌미끌 로션을 발라요. 마사지놀이 P.35
- 생후 0~3개월 엄마 목소리가 들려요. 휴지심 통화놀이 P.45
- 생후 4~6개월 아빠와 함께하는 신체놀이 P.62
- 생후 7~9개월 술술 빼면!! 스트레스 안녕! P.96
- 생후 13~18개월 부스럭부스럭 재미있는 종이파티 _ 혼자서도 잘 찢을 수 있어. 사자갈기 종이놀이 P.137
- 생후 13~18개월 보들보들 이불놀이 _ 이불로 김밥을 만들어요 P.150
- 생후 19~24개월 쌓고, 부수고, 건너고 우리 집은 체육관 P.167
- 생후 19~24개월 신문지 놀이 종합 세트! P.179
- 생후 25~36개월 반짝반짝 야광 파티 타임!!! _ 신나는 야광봉 파티 P.207
- 생후 25~36개월 돌돌돌 휴지로 스트레스를 풀어요 P.221

3

에너지가 넘칠 때 도움이 되는 놀이

쑥쑥 자라며 에너지가 넘치는 우리 아이! 이런 아이들은 실내에서만 얌전히 시간을 보내는 것이 힘들 수 있어요. 넘치는 에너지를 발산시켜 주기 위해서는 실내, 실외에서 개월별 맞춤 신체놀이를 해주는 것이 좋아요. 책에서 소개하는 실내외 신체놀이는 신체 발달은 물론 에너자이저 아이들에겐 넘치는 에너지를 방출하는 기회를 제공하여 몸도 마음도 즐거워진답니다. 열심히 뛰어 노는 아이가 가만히 앉아서 집중하는 놀이도 잘한다는 사실, 꼭 기억해주세요!

- `생후 0~3개월` 신생아 필수 놀이 터미 타임(목 가누기 놀이) P.42
- `생후 0~3개월` 두 손을 모아 볼까? P.49
- `생후 4~6개월` 내 발을 찾아라! P.55
- `생후 4~6개월` 흔들흔들 손수건놀이 P.57
- `생후 4~6개월` 아빠와 함께하는 신체놀이 P.62
- `생후 7~9개월` 팡팡! 대롱대롱 풍선놀이 P.84
- `생후 7~9개월` 엉금엉금 쿠션산을 올라가 볼까? P.94
- `생후 10~12개월` 종이 상자는 요술장난감 _ 종이 상자 터널놀이 P.110
- `생후 10~12개월` 이젠 나도 설 수 있어요! P.115
- `생후 19~24개월` 폴더매트 하나면 에너지 분출 완료! P.165
- `생후 19~24개월` 쌓고, 부수고, 건너고 우리 집은 체육관 P.167
- `생후 19~24개월` 한 발씩 점프! 쿠션놀이 P.177
- `생후 19~24개월` 후후~ 불며 구강 운동을 해요 P.181
- `생후 19~24개월` 쭉쭉 늘어나는 스타킹놀이 P.183
- `생후 25~36개월` 에너지 발산, 바깥놀이 P.215
- `생후 25~36개월` 엄마, 아빠와 함께 튼튼한 몸 만들기! P.235
- `생후 37개월 이후` 종이접시 하나면 놀이가 재미있어요 _ 종이접시 운동회 P.257

4 집중력 향상과 소근육 발달 놀이

손은 우리의 뇌에서 많은 영역을 담당하는 신체기관이에요. 손을 쓰면서 사물, 환경을 인지할 뿐만 아니라 글씨 쓰기, 그림 그리기, 가위질하기, 젓가락질하기 등등 손을 조작하여 과제를 수행할 수 있게 한답니다. 어렸을 때부터 소근육을 발달시킬 수 있는 놀이를 꾸준히 해준다면 훗날 학령기에 접어들면 학습에도 긍정적인 영향을 끼치게 돼요. 책에서 소개하는 개월별 맞춤 소근육 발달 놀이를 해 볼까요?

생후 7~9개월	어? 재미있는 소리가 나네? P.78
생후 7~9개월	술술 빼면!! 스트레스 안녕! P.96
생후 10~12개월	종이 상자는 요술장난감 _ 공을 구멍에 쏙쏙 넣어요 P.112
생후 10~12개월	줄만 있어도 재미있어요 P.125
생후 10~12개월	뽀족뽀족 고슴도치가 되었네? P.128
생후 13~18개월	부스럭부스럭 재미있는 종이파티 P.137
생후 13~18개월	손에 안 묻네? 요술물감놀이 P.148
생후 19~24개월	쏙쏙 집게놀이 P.172
생후 19~24개월	나는야 멋진 강태공!!! P.174
생후 19~24개월	신문지놀이 종합 세트! P.179
생후 19~24개월	쭉쭉 늘어나는 스타킹놀이 P.183
생후 25~36개월	알록달록 테이프놀이 P.195
생후 25~36개월	싹둑싹둑 가위놀이 P.228
생후 25~36개월	팅팅 탱탱 고무줄놀이 P.233
생후 37개월 이후	나는야 사격명수!!! P.247
생후 37개월 이후	소방관이 되었어요 P.249
생후 37개월 이후	동글동글 과자 애벌레 친구! P.253
생후 37개월 이후	미켈란젤로로 변신했어요 P.255
생후 37개월 이후	은빛 위에 그린 나의 그림 P.261

5 촉각 발달을 위한 놀이

촉각은 단순히 접촉을 통해 느끼는 감각이 아니라 발달과 정서에 많은 영향을 주는 감각이에요. 피부에 있는 감각 수용기에서 촉각 정보를 받아들이는데, 이러한 촉각 정보 처리 능력은 시지각, 운동 계획, 신체 인식뿐만 아니라 학습, 정서 안정 및 사회성 기술에도 영향을 줄 수 있어요. 다양한 촉각 자극을 즐겁게 경험할 수 있는 놀이를 함께해 보아요.

- 생후 0~3개월   미끌미끌 로션을 발라요. 마사지놀이 P.35
- 생후 4~6개월   데굴데굴 양말공으로 놀아요 P.60
- 생후 4~6개월   오감장난감으로 놀아요 훌라후프놀이 P.69
- 생후 7~9개월   엄마, 놀이가 맛있어요 P.86
- 생후 10~12개월 미끌미끌, 향기도 좋아요 로션놀이 P.105
- 생후 10~12개월 길쭉길쭉 냠냠! 국수놀이 P.120
- 생후 10~12개월 먹어도 안심! 천연물감놀이 P.123
- 생후 13~18개월 동글동글 곡물놀이 P.135
- 생후 13~18개월 재활용 촉감놀이 P.144
- 생후 13~18개월 조물조물 만득이 친구들 P.153
- 생후 19~24개월 가루야 가루야, 아이 좋아! P.159
- 생후 19~24개월 알록달록 물감은 신세계예요 P.161
- 생후 25~36개월 폭신폭신 아빠크림놀이 P.189
- 생후 25~36개월 보글보글 신기한 가루! P.219
- 생후 37개월 이후 반짝반짝 빛나는 상자놀이 P.241
- 생후 37개월 이후 라이스페이퍼로 오감놀이 P.251
- 생후 37개월 이후 커피 머드놀이 P.269

오감자극을 위한 오감 발달 놀이

오감이 조화를 이루어야 아이는 균형 있게 발달할 수 있어요. 앞서 소개된 감각놀이와 함께하면 좋은 오감놀이도 같이 해 보아요. 정해진 틀에 맞추어 의무적으로 자극을 줄 필요는 없어요. 아이 스스로 움직이며, 집 안을 탐색하고 뛰어다니다 보면 자연스럽게 오감이 발달하게 될 거예요.

- `생후 0~3개월` 점점 잘 보여요. 육아 효자템 '모빌' 놀이(시각 발달) **P.37**
- `생후 0~3개월` 엄마 목소리가 들려요. 휴지심 통화놀이(청각 발달) **P.45**
- `생후 4~6개월` 흔들흔들 손수건놀이(시각 발달) **P.57**
- `생후 4~6개월` 누구세요? 신기한 거울놀이(시각 발달) **P.65**
- `생후 4~6개월` 쪽쪽쪽 입에 넣어도 안심 색종이놀이(시각 발달) **P.67**
- `생후 7~9개월` 어? 재미있는 소리가 나네?(청각 발달) **P.78**
- `생후 19~24개월` 알록달록 물감은 신세계예요(시각 발달) **P.161**
- `생후 25~36개월` 반짝반짝 야광 파티 타임!!!(시각 발달) **P.207**
- `생후 37개월 이후` 반짝반짝 빛나는 상자놀이(시각 발달) **P.241**
- `생후 37개월 이후` 우리 집 그림자 인형극장(시각 발달) **P.267**

강철서누맘이 추천하는 상황별 놀이 **13**

01
CHAPTER

아이 주도 놀이
WARMING-UP

모든 놀이는 아이가 중심에 있어야 하고, 주도하도록 해주어야 해요. 엄마는 옆에서 위험 요소를 차단해주는 역할만 해주면 됩니다. 사실 아이가 곤란한 상황을 겪고 있을 때 당장 도움을 주는 게 쉽지, 가만히 지켜만 보고 있는 것이 훨씬 어렵다는 것을 저도 잘 알아요. 하지만 엄마의 역할은 알아서 해주는 대신 아이 스스로 해결할 수 있도록 격려하고 응원하는 데서 멈춰야 한답니다. 지금부터 아이 주도 놀이 과정에서 엄마가 해줄 수 있는 일과 아이의 오감 발달을 위한 대화 방법을 함께 알아보도록 해요.

오감자극, 엄마와 놀아요 이론 편

오감놀이 **워밍업**

요즘은 엄마와의 애착 형성과 아이의 발달을 위해 집에서 직접 놀이를 해주는 엄마들이 많아졌어요. 블로그나 SNS에 소개되는 엄마들의 놀이법을 보고 따라했는데 아이가 생각만큼 따라오지 않아 그만 두신 분들도 있으시죠? 혹시 아이의 성향은 무시하고 엄마의 취향대로 놀이를 하지는 않으셨나요? 또는 학습을 강조한 엄마 위주의 놀이를 하지는 않으셨나요?

아이와 놀이를 할 때에는 엄마 취향이 아닌 아이가 좋아하는 놀이를 해주어야 해요. 아이가 원하는 놀이는 무엇일까요? 바로 직접 만지고 경험하면서 아이 스스로 놀이를 만드는 것이 진짜 놀이입니다.

1 : 오늘은 뭐하지? 아이와 단둘이, 하루가 너무 길어요

엄마는 아침에 눈 뜨자마자 할 일들이 태산이에요. 머릿속으로 오늘 할 일을 정리해 보지만 도대체가 정리가 안 되네요.

> 삼시세끼, 오늘 메뉴는 뭘 해야 하나? 요리하기
> 왜 닦아도 닦아도 먼지는 사라지지 않는 걸까? 티도 안 나는 청소하기
> 일주일을 입어도 더러워지지 않는 옷을 개발하는 사람에게 내 전 재산을 주고 싶을 정도, 매일 세탁기 돌리기

이 세 가지는 매일 고민이죠. 아무리 열심히 해도 일이 줄어들지 않아요. 저만 이런 건 아니죠? 아이에게는 좋은 음식을 해주려 노력하지만 정작 엄마는 아이 낮잠 잘 때 빵이나 라면으로 대충 끼니를 때울 때도 많아요. 우아하게 격식을 차려 먹는 것이 아니라 거의 마시는 수준으로 밥을 입에 넣고 있는 모습을 보면 가끔 처량한 생각이 들어 내가 이러려고 결혼하고 엄마가 되었나 하는 생각이 들 때도 있어요.

이 와중에 아이는 시시때때로 찾아와 같이 놀자고 하고 껌딱지가 따로 없죠? 그래, 오늘 한번 놀아줘 볼까? 해서 마음먹고 놀아 주고 나면 금세 체력이 바닥나 버려요. 하지만 절대 체력을 자랑하는 아이는 엄마 마음도 몰라주고 "또! 또! 더! 재미있게!!!"를 외치죠. 이렇게 놀아주다 보면 엄마는 아빠가 퇴근도 하기 전에 이미 녹다운~! 신기하게도 아이가 낮잠 자는 시간이나 아빠와 함께 있는 주말은 훅훅 잘도 지나가는데 아이와 단둘이 하루 종일 집에만 있는 날은 왜 이렇게 시간이 안 가는 걸까요?

    아이와 놀아 준다. 아이와 논다.
    참 어렵고 힘든 일인 것 저도 잘 알아요. 당연히 쉽지 않아요.
    엄마는 슈퍼우먼이 아니잖아요.

그렇다면 아이와 어떻게 놀아야 잘 놀아주었다고 소문이 날까요? 여러 가지 놀이 방법이 있지만 가장 중요한 것은 **단 10분이라도 엄마가 진심으로 놀아주면 된다는 점**이에요. 그러면 아이는 놀이의 갈증, 재미의 갈증이 해소되어 엄마에게 보채지 않고 스스로 혼자서 노는 시간을 가지게 될 거예요. 놀이는 거창하지 않아도 돼요. 간단하지만 아이가 좋아하는 놀이로 아이의 욕구를 만족시켜 줄 수 있다면 그것이 최고의 놀이가 됩니다.

지금 당장은 힘들지 모르겠지만 어느 순간 엄마의 손길이 더 이상 필요하지 않을 정도로 훌쩍 커버린 아이를 보게 될 거예요. 그때는 충분히 교감하고 애착을 형성했던 지금의 이 시기를 그리워하게 될 테니 현재를 후회 없이 즐겨보세요.

2 : 집에서 하는 오감놀이 어떤 점이 좋나요?

'오감놀이, 오감발달놀이, 뇌 발달놀이' 등등 아이를 키우면서 한 번쯤 들어본 말이죠? 요즘은 인터넷이나 책을 통해서 수없이 많은 관련 정보를 얻을 수 있어, 집에서 직접 엄마표 오감놀이를 해주는 분들도 많아요. 또, 오감놀이를 전문적으로 하는 기관도 성행하고 있고요. 이 '오감놀이'를 왜 하고 계신가요? '그냥 발달에 좋다니까요.' 또는 '남들도 다하니까요.'라고 생각하는 분들 있으시죠? 그것도 틀린 말은 아니에요. 하지만 이런 막연한 이유가 아닌, 오감놀이가 어떤 원리로 아이 발달에 도움이 되는지 정확히 알고 난 후 오감놀이를 한다면 아이에게 더 유용한 놀이를 할 수 있겠죠?

★ 훗날 사회 기술을 학습하는 밑거름이 돼요

아이의 감각은 엄마 배 속에 있을 때부터 발달하고 태어난 후에는 우리 몸의 감각기관(눈, 코, 입, 피부, 근육, 관절 등)으로 감각을 받아들이면서 더욱 폭발적으로 발달하게 되죠. 아이는 스스로 몸을 움직이고 탐색하면서 감각이 발달하는데 여기에 놀이가 더해지면서 더 큰 자극을 받게 돼요. 아이는 놀이를 통해 감각을 느끼고 이 정보를 뇌로 보냅니다. 즉, 감각은 '뇌를 위한 음식'인 거죠. 이렇게 뇌에 전달된 감각 자극이 차근차근 피라미드를 쌓듯이 저장되면, 훗날 ==행동과 읽기, 쓰기 등의 정신적이고 사회적인 기술을 학습==하는 데 사용됩니다.

아이들은 7세 전까지 많은 감각과 정보를 흡수하면서 성장해요. 이 시기에 적절하고 다양한 경험을 주어야 7세 이후부터 그동안 흡수해왔던 정보를 잘 활용하여 운동하고 학습을 할 수 있게 되는 것이랍니다.

따라서 아이에게 ==오감놀이는 아이가 커서 학습을 하고 사회생활을 원만하게 하기 위한 밑거름, 즉 기초공사를 탄탄하게 하기 위한 작업==이라고 생각하면 됩니다. 아이와 꾸준히 스킨십을 하고 애착 활동과 오감놀이 등을 통해 다양한 경험을 접하며 성장할 수 있도록 도와주세요.

★ 스트레스를 풀고 엄마와의 애착 형성에 도움을 줘요

오감놀이는 아이일 때만 한다? NO! 오감놀이는 나이와 상관없이 누구나 즐기는 놀이예요. 성인들도 머드 축제, 토마토 축제, 물고기 잡기 체험, 물놀이 등등 다양한 축제와 놀이를 즐기잖아요. 이런 것도 오감놀이의 일종이에요. 어른들이 다양한 축제들을 즐기면서 스트레스를 푸는 것처럼 아이들도 오감놀이를 통해 스트레스를 풀 수 있답니다.

아이는 커 갈수록 해야 하는 공부가 많아져 스트레스를 많이 받게 되는데요. 그럴 때 오감놀이를 해준다면 스트레스를 해소하는 데 도움이 됩니다. 아직 아이가 어려 대화가 힘들 때, 엄마와 툭 터놓고 마음을 표현하기 어려워할 때 함께 오감놀이를 하며 마음을 위로해주는 과정을 거친다면 애착 형성에도 도움이 된답니다.

★ 집에서 하는 오감놀이는 만지고 탐색할 시간이 충분해요

뒷정리가 귀찮고, 어떻게 놀아주어야 할지 몰라 집에서 놀이를 하는 대신 아이를 데리고 문화센터나 체험장을 찾는 엄마들이 많아요. 문화센터에서 오감놀이를 할 때 '너무 짧은 것 아니야?'라고 생각하셨던 적은 없으신가요? 아무래도 문화센터는 정해진 시간이 있고, 많은 아이들이 함께하다 보니 여유롭게 탐색하는 시간이 부족해요. 오감놀이는 혼자 탐색하고 스스로 자기만의 놀이로 전환하여 노는 시간 필요한데, 그럴 시간 없이 만지다가 끝나거나 다른 놀이를 해야 해서 어쩔 수 없이 강제로 중단하여 울고불고 난리가 나기도 해요. 엄마도 아이도 아쉽지만 어쩔 수 없는 것이라 생각해요.

하지만 집에서 하는 오감놀이는 그럴 필요가 없어요. 놀이의 규모는 작을 수 있지만 아이가 만족할 때까지 충분한 탐색 시간을 가질 수 있고, 자신만의 놀이도 만들어보며 집중할 수 있다는 장점이 있습니다. 집에서 하는 오감놀이만큼 좋은 자기 주도 놀이는 없어요.

★ 양육의 질을 높여줘요

우리 아이는 2.45kg의 저체중, 미숙아로 태어났어요. 게다가 입이 짧은 편이라 아직도 또래에 비해 가벼운 편이고요. 그에 따른 육아 스트레스가 어마어마했어요. 모두 제 탓인 것만 같아서 육아에 대한 자신감도 점점 줄어들었고, 우울증처럼 무기력해졌어요. 그러다 어느 순간 '안 되겠다, 무엇을 하든 우리 아이와 의미 있는 것을 해 보자.'라는 생각이 들었어요. 그래서 시작한 것이 바로 '오감놀이'인데요. 놀이 시간만큼은 아무런 근심 걱정 없고 너무 행복하더라고요. ==어떻게 하면 아이가 더 재미있게 놀 수 있을까를 생각하고 연구하는 시간을 갖다보니 자연스럽게 육아에 대한 자신감이 생기고 다시 삶에 활력을 찾기 시작했어요.== 이런 엄마의 모습을 보며 아이도 덩달아 긍정적인 영향을 받은 것 같더라고요. 사람마다 활력을 얻는 원동력은 다를지 모르지만 아이와 놀고 난 후에 느끼는 뿌듯함은 거의 비슷할 거예요. 그 뿌듯함이 육아를 할 때 많은 도움이 된답니다.

3 : 모든 아이에게 똑같은 놀이를 해줘야 한다?

사람마다 성격이 다르고 좋아하는 것도 다르죠. 아이들도 마찬가지예요. 아이마다 서로 다른 기질을 가지고 태어나기 때문에 엄마는 놀이 전 아이의 성향을 파악하는 시간을 가질 필요가 있어요. 어떤 기질을 갖고 있느냐에 따라 놀이를 하는 방법을 달리해야 하기 때문이에요.

무난한 기질을 타고난 아이는 어느 놀이든 접근이 쉽지만 예민한 아이는 잘 살펴보며 맞는 놀이를 찾아 줘야 해요. 예를 들어, 손에 무언가를 묻히기 싫어하는 아이에게 오감놀이가 좋다는 이유만으로 손으로 재료를 만지는 놀이를 해주거나 활동적인 아이에게 가만히 자리에 앉아서 하는 놀이만을 해준다면 아이는 당연히 놀이에 흥미를 잃게 될 거예요. 아이에게 다양한 경험이 필요한 것은 맞지만 공부나 훈련이 아닌 놀이를 하는 것이기 때문에 싫어하는 활동을 억지로 할 필요는 없어요.

책이나 인터넷에서 소개되는 놀이를 보며 "우리 아이는 왜 이걸 못할까?"하며 속상해하지 마세요. 가만히 앉아서 조물조물 만들기는 못해도 걷기, 뛰기와 같은 대근육 운동을 잘할 수도 있고요. 집중력 시간이 짧다고 생각했는데 생각지도 못한 놀이에 집중할 수도 있어요.

아이의 놀이 참여 정도는 기질과 그날 컨디션에 따라 달라요. 책이나 인터넷에서 접한 정보만으로 아이를 평가하지 마세요. 아이가 제일 재미있어 하고 엄마도 준비하면서 즐거움을 느낄 수 있는 그런 놀이를 찾은 후 놀이 레시피대로 똑같이 하는 것이 아닌 우리만의 놀이로 즐긴다면 정말 최고의 놀이가 될 거예요.

아이 성향에 따른 놀이 방법

몸에 가루나 물감, 반죽 등을 묻히기 싫어하는 아이

- **적은 양으로 시작하세요**

처음부터 한꺼번에 너무 많은 양을 주는 것보다는 손가락으로 만져볼 수 있도록 해주세요. 그것도 만지기 싫어한다면 엄마가 만지고 노는 모습을 보여주세요. 엄마가 재미있게 만지는 모습을 보여주어 아이에게 즐거운 기억을 심어 주면 아이도 차츰 적응하게 될 거예요.

- **손에 묻지 않게 도구로 놀아요**

도구를 이용해서 놀아도 좋아요. 예를 들어, 물감을 재료로 활용한다면 도장으로 찍거나, 붓으로 그림을 그리는 활동이 좋아요. 손에 묻지 않도록 놀이를 변형하는 방법도 있어요. 지퍼백이나 페트병, 풍선 등에 재료를 넣어 만져보고 소리를 들어보는 것만으로도 좋은 오감놀이가 될 수 있어요.

가루는 좋아하는데 반죽은 너무 싫어하는 아이

촉감에는 다양한 느낌이 있어요. 미끌미끌한 느낌, 찐득찐득한 느낌, 오돌토돌한 느낌, 보슬보슬한 느낌 등 여러 가지죠. 모든 느낌을 다 좋아하는 아이도 있는 반면 특정 느낌을 싫어하는 아이도 있어요. 특히 밀가루 반죽처럼 찐득거리는 느낌을 싫어하는 아이들이 꽤 많아요. 그럴 땐 가루놀이로만 활용하거나, 반죽을 질퍽거리지 않게 꼭 찹쌀떡처럼 탱글탱글하게 만들어주면 큰 거부감 없이 놀이를 할 수 있을 거예요.

발에 닿는 것을 너무 싫어하는 아이

물감놀이나 곡물놀이를 할 때 손으로 만지는 것은 좋아하지만, 발에 묻거나 발가락 사이에 끼는 것을 싫어하는 아이도 있어요. 이럴 땐 양말을 신겨주세요. 그러면 발에 신경 쓰지 않고 재미있게 놀 거예요.

앉아서 집중하는 시간이 짧은 아이

아이들은 집중 시간이 길지 않아요. 연령별 집중 시간은 아이마다 다르지만 평균적으로 2세 7분, 3세 9

분, 4세 12분, 5세 14분 정도로 굉장히 짧아요. 이를 고려해 놀이 과정을 단순하게 해주세요. 앉아서 만들기를 할 경우에는 최대한 과정을 단순화하여 결과물이 쉽게 나오도록 해주세요. 짧은 시간 동안 과제를 수행하면서 성취감을 얻게 되면 점점 앉아서 하는 활동에 재미를 느낄 거예요.

활동적이고 에너지가 많은 아이
충분히 몸을 움직여 에너지를 발산할 수 있게 해주세요. 가장 좋은 것은 밖에서 신나게 뛰어 노는 놀이이지만 상황이 여의치 않을 때에는 집 안에서 다양한 신체놀이와 손수레 걷기, 무거운 물건 들기, 밀기, 트램펄린 뛰기 등 엄마, 아빠와 몸놀이를 하면서 에너지를 빼주면 차분해질 거예요. 에너지가 많아 앉아 있는 활동에 흥미를 느끼지 못하거나 집중하기 어려워하는 아이라면 몸으로 하는 놀이가 많은 도움이 됩니다.
※ 추천 놀이 : 엄마, 아빠와 함께 튼튼한 몸 만들기(P.235) / 폴더매트 하나면 에너지 분출 완료!(P.165) / 한 발씩 점프! 쿠션놀이(P.177)

부쩍 짜증을 많이 내고 스트레스를 받는 아이
아이도 알게 모르게 스트레스를 많이 받는다고 해요. 이런 스트레스가 짜증으로 표현되는 것이고요. 이럴 땐 찢기와 던지기, 쓰러뜨리기 놀이를 하면 스트레스를 푸는 데 많은 도움이 돼요. 신문지나 종이를 찢거나 휴지를 풀고 던지거나 종이컵이나 종이 블록을 쌓고 쓰러뜨리기 놀이를 해주세요. 또, 센서리 보틀(Sensory bottle)을 만들어서 가만히 보고 있으면 마음이 편안해져 아이의 마음을 안정시킬 수 있어요.
※ 추천 놀이 : 부스럭부스럭 재미있는 종이파티(P.137) / 쌓고, 부수고, 건너고 우리 집은 체육관(P.167) / 신문지놀이 종합세트!(P.179) / 돌돌돌 휴지로 스트레스를 풀어요(P.221) / 팅팅 탱탱 고무줄놀이(P.233)

4 : 오감놀이에서 엄마의 역할은 어디까지?

그동안 아이를 위해 책을 사거나 인터넷을 통해 정보를 얻은 후 아이와 많이 놀아주셨죠? 정말 좋은 엄마예요. 그런데 지금까지 아이와 놀았던 장면들을 다시 한 번 회상해 볼까요? 엄마가 아이에게 했던 말, 아이의 표정, 놀이의 수준 등을 고려하지 않고 놀이를 하지는 않았나요? 또는 놀이에 엄마가 지나치게 개입하여 아이가 할 수 있는 부분까지 다 채우며 완벽한 놀이로 끝이 나진 않았나요? 엄마는 정말 잘 놀았다고 뿌듯하게 생각할 수도 있지만 우리 아이는 혼자서 생각하는 시간, 스스로 만들거나 해 볼 수 있는 기회를 잃어버렸을 수도 있어요.

요즘은 아이 주도 놀이가 주목받고 있어요. 아이가 놀이를 선택하며 주도적으로 놀이를 이끌어 나가는 형태예요. 스스로 놀이를 찾고 주도해 보는 놀이의 경험이 많을수록 자신감이 있는 아이로 자라고 독립적으로 문제를 해결하려는 모습을 볼 수 있답니다. 아이는 태어나면서부터 잘 놀 수 있는 능력을 갖고 있어요. 완벽하게 놀이를 해 주어야 한다는 부담감을 갖지 마세요. 그 부담이 오히려 엄마의 개입을 부추기는 원인이 될 수 있어요. 그렇다면 가장 이상적인 엄마의 역할은 어디까지일까요?

★ 엄마는 조언자? 방관자? 조력자?

놀이의 종류가 다양한 만큼 엄마, 아빠가 해주어야 할 역할도 모두 달라요. 인지에 관한 놀이는 배경지식이나 정보를 제공해주어야 하므로 엄마의 지도가 필요하지만, 오감놀이는 아이가 혼자 느껴보고 생각하는 시간을 많이 주는 것이 좋습니다. 또, 신체놀이는 형제가 없는 경우 엄마나 아빠가 같이 몸으로 놀아주어야 해요.

하지만 모든 놀이에 공통점 한 가지! 모든 놀이의 주체는 아이라는 점입니다. 아이가 놀이의 선택과 진행에 주체가 되어야 합니다. 이 과정에서 엄마, 아빠는 제안을 하는 질문보다는 아이의 행동과 말에 긍정적인 반응을 보여주는 대화를 해주세요. 아이가 놀이를 중단하거나 한 가지 놀이에 오래 집중을 하더라도 여유롭게 지켜보며 지지해주시면 돼요. 또한, 아이가 폭넓게 선택할 수 있도록 재료 준비를 다양하게 해주세요. 어느 순간 자기 주도적 놀이를 통해 한층 성장해 있는 아이의 모습을 발견하게 될 거예요.

5 : 기상천외한 아이의 질문 세례, 당황하지 마세요

놀이를 하다보면 '우리 아이가 정말 천재 아니야?'라는 생각이 들 정도로 깜짝 놀랄 때가 많아요. 그것이 바로 엄마, 아빠와 함께하는 놀이의 장점인 거 같아요. 우리 아이가 무슨 생각을 하고 무슨 말을 하는지 놀이를 하면서 툭툭 튀어 나오는 것을 직접 듣고 볼 수 있으니까요. 간혹 어른의 입장에서 볼 때 세상 뜬금없는 이야기가 나올 수도 있어요. 그럴 때는 그 말에 부정하지 마시고 "그렇구나. 그렇게 생각할 수도 있겠다."라고 말하며 긍정적인 반응을 보여주세요. 정확한 정보를 알려주고 싶더라도 우선 "그렇구나."라고 인정해 준 다음 정확한 정보를 말해주세요. 그러면 아이도 당황하지 않고 잘 들을 거예요. 만약 엄마, 아빠가 당장 답변하기 어려운 질문을 한다면 함께 책이나 인터넷을 찾아보며 이야기해 보는 시간을 가져 보아도 좋아요.

6 : 개월 수에 맞지 않는 놀이를 아이가 좋아해요. 그냥 해줘도 될까요?

놀이에는 나이가 중요하지 않아요. 오감놀이와 미술놀이는 어른이 해도 정말 재미있는 놀이예요. 책에 표시된 개월 수는 아이의 발달 특성에 맞게 놀이를 시작하는 시기로 구분한 것입니다. 예를 들어, 구강기 시기의 아이들은 재료를 입에 넣기 쉬워 입에 넣어도 안전한 장난감과 식재료 놀이부터 시작해요. 또, 식재료 놀이도 각 개월 수의 이유식 시기(초기, 중기, 후기)가 다르기 때문에 그것도 고려해서 놀이를 구성했습니다. 이것은 어디까지나 개월 수에 따라 나눠놓은 것일 뿐, 꼭 그 시기에 해야 하는 놀이는 아니에요. '우리 아이가 노는 수준이 너무 어린 것 아니야?'라고 생각하지 마세요. 아이가 좋아하고 반복하는 놀이를 인정해 주고 함께 즐기며 놀아보세요.

7 : 장난감은 조금만! 재활용품과 미술 재료를 많이 활용해주세요

현실적으로 '장난감 사지 마세요!'라고 말씀드리지는 않아요. 장난감도 나름대로의 장점을 갖고 있거든요. 하지만 비싼 장난감이라 하더라도 놀이에 제한이 있어서 길면 몇 주, 짧으면 2~3일이면 찬밥이 되는 경우가 많아요. 또, 캐릭터 장난감들이 대부분이라 유행이 지나버리면 놀지 않는 경우도 많고요. 유행 따라 장난감을 사주다가는 지갑이 얇아질 수밖에 없어요.

장난감은 가끔 사주시되 아이의 놀이를 장난감에 의지하지 않았으면 좋겠어요. 대신 재활용품이나 미술 재료를 아이의 손길이 닿는 곳에 놓아주세요. 휴지심이나 페트병이 자동차가 될 수도 있고 멋진 인형이 될 수도 있어요. 또, 작은 상자가 우리 아이의 주차장이나 집이 될 수도 있답니다. 망가지면 재활용으로 버리면 되니, 경제적이기도 하고요. 아이들은 멋진 장난감을 가지고 노는 시간보다 엄마, 아빠와 같이 소박한 놀이 재료로 재미있게 노는 걸 훨씬 즐긴답니다.

8 : 엄마표 오감놀이 전 꼭 확인하세요!

저는 아이와 오감놀이를 하는 방법을 간단하게 소셜 미디어에 정리하여 올리면서 놀이에 대한 정보를 이웃들과 나누고 있어요. 제 글을 보고 도움이 되었다며 많은 댓글들을 남겨주셔서 나름 뿌듯한 마음으로 블로그를 하고 있어요. 그러던 어느 날 동생에게 제가 소개한 방법대로 놀이를 하다가 중단했다는 이야기를 들었어요. 생각보다 아이가 따라오지 못하고 딴짓만 해서 그만뒀다고요. 자신은 언니처럼 잘 못 놀아주고 좋은 엄마가 아닌 것 같다고 속상해하더라고요. 그 말을 들으니 단순히 정보를 전달하는 것만이 중요한 것이 아니라는 것을 깨달았어요.

혹시라도 동생과 같은 생각을 가지고 있는 엄마들이 있다면 절대 엄마 탓이 아니라는 것을 알려주고 싶다는 생각이 들더라고요. 그래서 놀이 전 미리 알아두어야 할 가이드를 만들기 시작했어요. 아이와 놀이하는 대화법, 돌발 상황에 대한 엄마의 대처 방법, 아이의 기질 파악 방법 등을 먼저 숙지한 후 놀이를 시작하면 엄마표 놀이에 대한 부담감이나 걱정을 덜 수 있을 거예요. 지금부터 소개하는 내용을 보고 아이와 본격 오감놀이를 시작하기 전에 한 번 생각하는 시간을 가져보세요.

★ 내 아이를 정확하게 파악하세요

엄마니까 당연히 잘 알고 있겠지만 엄마의 욕심과 아이의 성향이 부딪힐 상황이 많을 거예요. 활발하게 뛰어노는 것을 좋아하는 아이, 조용히 한자리에 앉아서 조물조물 만들기를 좋아하는 아이, 몸에 지저분한 것이 묻어도 좋아하는 아이, 몸에 지저분한 것이 묻는 것을 싫어하는 아이 등등 정말 여러 유형의 아이들이 있어요.

흥미를 보이지 않는 놀이를 아이에게 억지로 강요해서는 안 되고, 그렇다고 아예 경험할 기회를 주지 않을 수도 없고 쉽지 않아요. 우리 아이의 성향을 파악했다면 천천히 다양한 놀이를 시도해주세요. 예를 들어, 저희 아이는 촉각이 예민한 아이지만 가루놀이를 좋아하고 찐득한 촉감은 질색을 해요. 물감도 그다지 좋아하지 않고요. 저는 이런 아이의 성향에 맞춰 밀가루나 전분가루처럼 촉감이 좋은 재료를 찾아서 꾸준히 놀이를 할 수 있게 했고, 싫어하는 재료는 도구를 사용해서 손에 묻히지 않고 탐색하고 그림을 그려볼 수 있도록 했어요. 또, 활발하고 에너지가 많은 아이라 충분히 신체놀이도 많이 해주었고요. 하지만 그때그때 컨디션이 달라서 놀이를 5분도 못했던 적도 있답니다. 아이가 하기 싫어 할 때는 과감하게 놀이를 접는 것이 좋아요. 여러 가지 시도를 통해 우리 아이가 무엇을 좋아하고 무엇을 싫어하는지 찾아보세요.

★ 놀이정보는 아이디어만, 내 스타일대로 놀아주세요

아이와의 놀이에 익숙하지 않다면 책과 인터넷에서 제시한 놀이 순서 그대로 따라 해도 돼요. 이후 어느 정도 익숙해지고 아이의 성향과 좋아하는 것들을 파악했다면 놀이를 탄력적으로 바꿔주세요.

★ 늘 새로운 것을 하지 않아도 돼요

엄마에게는 똑같은 활동이지만 아이들은 같은 놀이라도 어제 다르고 오늘 다르고 내일 다르게 느껴요. 어릴 때 경험한 놀이도 다시 하면 너무 재미있어 한답니다. 아이디어가 떠오르지 않을 때에는 아이가 좋아했던 놀이를 또 해주세요. 아이는 처음하는 것처럼 재미있어 할 거예요.

⭐ 아이가 충분히 놀 때까지 기다려주세요

아직 어려서 할 수 없는 것이 더 많은 우리 아이니 놀이 시간만이라도 포용력을 발휘해주세요. 지저분해지면 어때요? 닦고 씻기면 되지요. 10분 놀고 30분 치워도 10분 즐거운 시간 그거면 되지 않을까요? 놀이 시간만큼은 "안 돼."라는 말을 줄여주세요. 또, 충분히 혼자 느끼고 즐길 수 있도록 시간을 주세요. 놀이의 가장 기본은 '탐색'에서 시작해요. 엄마는 옆에서 아이가 충분히 탐색할 시간을 주고, 놀이를 더 흥미 있게 할 수 있도록 지원해주는 역할만 해주시면 돼요.

⭐ 엄마와 아이 모두 행복할 때 놀이를 해주세요

지치고 힘든 상태에서 의무감으로 하는 놀이는 진정한 놀이라고 할 수 없어요. 아이와 눈을 맞추고 웃고 즐겨야 제대로 된 놀이입니다. 아이와 엄마의 컨디션이 가장 좋은 시간을 골라서 놀이를 해주세요. 하루 종일 집안일에 밥 먹을 시간도 없지만, 단 10분이라도 짬을 내 아이와 노는 시간을 가져보세요.

> **전문가 TIP**
>
> **놀이 후 뒷정리 팁**
>
> 신나게 놀이를 한 후 치우는 것은 늘 엄마 몫이죠. 10분 놀고 30~40분 정리를 하면 녹초가 되곤 한답니다. 하지만 놀이 후 정리도 자주 하다보면 나름 요령이 생겨 치우는 속도도 빨라져요. 좀 더 효율적으로 치우고 다음에도 즐겁게 놀 수 있는 정리 팁을 공유해 볼게요.
>
> • **포리시트나 김장 비닐, 또는 샤워커튼을 사용해주세요**
> 아이는 놀이를 할 때 한군데 진득하니 앉아서 놀지 않아요. 뭐가 그리 궁금한 게 많은지 여기저기 돌아다니고 던지고 정말 활발하답니다. 넓은 공간에서 자유롭게 놀게 하고 싶으시다면 포리시트 같은 대형 놀이 비닐이나 저렴한 방수 샤워커튼을 깔아주세요. 놀이 후 걷어내기만 하면 되니 여기저기 돌아다녀도 안심이에요.
>
> • **오감놀이는 되도록 화장실이나 욕조에서 하세요**
> 전분가루, 물감놀이, 쉐이빙폼 놀이, 국수놀이 등은 놀 때는 좋은 데 치우기가 어마무시하게 힘들어요. 앞에 소개한 포리시트 비닐과 같은 큰 비닐을 깔고 놀면 좋은데, 집에 큰 놀이 비닐이 없다면 장소를 욕

실로 옮겨주세요. 욕실에서 놀이를 하면 뒷정리가 깔끔해요. 이때, 국수나 밀가루처럼 덩어리가 있는 것은 하수구가 막히지 않도록 잘 걸러서 버려주세요.

• **정리하는 시간에 아이에게는 간식을 주세요**
실컷 놀고 나면 출출해져 엄마가 정리할 때 방해할 수도 있어요. 그럴 땐 맛있는 간식으로 아이의 관심을 돌리고 후다닥 정리를 해 보세요. 아이나 어른이나 배가 든든해야 얌전해지잖아요.

• **아이와 같이 정리를 한다면?**
저는 노래를 부르면서 아이와 같이 정리를 해요. 정리정돈 송이요. 예전에 문화센터에서 배운 노래였지만 집에서도 아주 잘 활용하고 있답니다. 엄마와 아이가 함께 노래를 부르면서 정리하면 이 또한 놀이가 될 수 있답니다. 이렇게 습관을 들이다보면 정리 과정 자체가 아이에게는 재미있는 놀이가 되어, 엄마가 따로 뒷정리하는 시간을 갖지 않아도 되어 1석 2조의 효과를 누릴 수 있어요.

02 CHAPTER

생후 0~3개월
아이 주도 놀이

엄청난 출산의 고통 후 만난 소중한 우리 아이! 하지만 2~3시간마다 수유를 하느라 잠은 부족하고 다크서클은 줄넘기를 할 수 있을 정도로 턱밑까지 내려와 있죠. 또 출산 후 약해진 관절과 몸으로 하루종일 아이를 안고 있어서 온몸이 다 아파요. 왕초보 엄마라 매일 크고 작은 실수를 하게 되고, 아이가 왈칵 토하거나 응가가 조금이라도 달라지면 잔뜩 겁먹고 폭풍 검색에 SOS까지 하루에도 열두 번씩 안절부절. 엄마 되기 힘들죠? 그래도 엄마, 아빠를 쏙 빼닮은 얼굴로 해맑게 웃는 것을 보면 힘든 건 다 잊혀진답니다. 많이 힘들지만 다시 오지 않을 소중한 시간이니 즐겨보아요.

★★★ 생후 0~3개월 아이는요 ★★★

코
후각이 민감하여 냄새가 나는 쪽으로 고개를 돌려요.

손
손에 무엇인가 들어오면 꽉 잡아요.

생후
2~3주가 되면 엄마, 아빠의 목소리를 인식하고, 2개월이 되면 목소리에 따라 다르게 반응해요.

몸통
팔과 다리를 구부리고 손가락을 움켜쥔 채 있어요.

눈
사람의 얼굴과 불빛을 쳐다볼 수 있어요. 흑백과 대조가 뚜렷한 것을 잘 보고, 점점 색을 볼 수 있어요. 사물을 따라서 시선을 180도 움직여요.

입
입술 주위와 혀의 감각이 잘 발달되어 있어요. 2~3개월이 되면 특정한 맛에 대한 기호 및 거부 현상이 생겨요.

신체 발달

주로 누워서 생활하고 아직 목 가누기가 어려워요. 움직임을 스스로 조절하기보다는 반사에 따른 움직임이 많은 시기예요. 뺨이 닿는 방향으로 고개를 돌리는 '루팅 반사', 입술, 볼 등에 무엇이든 닿으면 입을 움직여 자동으로 빨려고 하는 '빨기 반사', 손바닥을 누르면 잡으려고 하는 '잡기 반사', 안았던 아기를 내려놓으면 양팔을 위로 쳐드는 '모로 반사' 등의 반사 행동들이 나타나요.

인지&언어 발달	사회성 발달
• 빨기 반사를 통해 사물의 특성을 이해하기 시작해요. • 엄마의 목소리가 들리는 쪽으로 고개를 돌려요. • 6주 무렵에는 배냇짓이 아닌 진짜 미소가 나타나요. • '아', '우' 등 모음을 소리 내고 옹알거려요. • 울음을 통해 엄마, 아빠와 의사소통을 해요.	• 사람의 음성에 반응해요. • 눈을 마주치면 미소를 지어요.(엄마, 아빠와 상호작용에 유발되는 사회적 미소가 점차 나타나요.) • 신체 접촉을 통해 유대 관계를 형성해요. • 3개월 정도가 되면 좋고 싫음을 표현하기 시작해요.

생후 0~3개월 이렇게 놀아주세요

이 시기의 아이는 거의 먹고 자고를 반복해요. 엄마도 육아가 처음이라 정신적, 육체적으로 많이 힘든 시기이기 때문에 엄마는 아이가 잘 때 틈틈이 함께 자면서 체력을 보충해야 해요. 이 시기의 놀이는 거창하지 않아요. 아이를 안아주고, 노래를 불러주거나 말을 걸면서 아이와 애착을 형성하는 것이 모두 놀이예요. 아직 말을 못한다고 못 알아듣는다 생각하여 대화를 하지 않는 경우가 많은데요. 청각이 예민한 시기이므로 아이에게 충분히 말을 걸어주는 것만으로도 충분한 놀이가 될 수 있어요. 엄마, 아빠의 목소리를 많이 들려주세요.

책 속 추천 놀이
- 첫 대화를 시작해 볼까요?_ P.33
- 신생아 필수 놀이 터미 타임(목 가누기 놀이)_ P.42
- 두 손을 모아 볼까?_ P.49

생후 0~3개월 이렇게 대화하세요

- TV 소리나 음악 소리가 없는 조용한 환경을 만들어주세요.
- 엄마, 아빠의 목소리로 말을 많이 걸어주세요. 형제나 자매가 있다면 함께 말을 걸어도 좋아요. 아이에게 말을 걸 때에는 꼭 눈을 맞추고 평소보다 높은 톤으로 말하면서 아이의 반응을 살펴주세요.
- 천천히 말하고 짧고 간단한 문장을 반복적으로 사용하는 것이 좋아요.
- 아이의 소리를 흉내내 주세요.
  - 예) 아이가 "아아"하면 "아아"하고 따라해 보아요.
- 청각을 자극할 수 있도록 틈날 때마다 아이에게 동요나 자장가 같은 노래를 불러주세요.
- 아이가 목소리나 몸짓, 표정으로 말하려는 것에 응답해주세요.
  - 예) 아이가 칭얼댈 때 엄마는 "○○가 배가 많이 고프구나. 맘마 줄게."

생후 0~3개월. **전문가 조언**

많이 안아주면 버릇 나빠진다?

많이 안아주면 버릇 나빠진다는 소리 많이 들어보셨죠? 흔히, '손 탄다.'고 하죠. 하지만 그렇지 않아요. 촉각은 아이가 엄마 배 속에서부터 느끼면서 발달한 감각이며, 아이의 뇌는 정서적 애착을 형성하기 위해 접촉을 통해 전달된 감각을 해석하며 발달해요. 그런데 아직 아이는 스스로 몸을 자유롭게 움직일 수 없고, 주변 환경을 탐색하기 힘들어 쉽게 불안해하는 시기예요. 엄마가 아이를 안아 촉각을 충분하게 느낄 수 있도록 해주면 편안함을 느끼고 애착 관계도 더욱 증진시킬 수 있어요. 때가 되면 아이는 엄마 품을 벗어나 마음껏 돌아다닐 거예요. 안아줄 수 있을 때 많이 안아주세요.

재울 때는 똑바로 눕히고, 놀 때는 엎드려 눕히기

영아 돌연사 증후군(Sudden infant death syndrome, SIDS)을 막기 위해 엎드려 재우지 말아야 하지만 아이가 깨어 있을 때는 엎드려서 노는 것이 좋아요. 이것을 터미 타임(Tummy Time)이라고 하는데요. 터미 타임이 부족하면 근육 발달, 인지 발달 등의 지연뿐만 아니라 시야의 움직임, 행동 문제 등을 겪을 수도 있어요.

아이는 엎드린 자세를 통해 목 근육, 등 근육 등을 자극하여 기기 위해 필요한 근육을 발달시키게 됩니다. 또한, 등을 바닥에 대고 누워 있는 자세는 오직 천장과 양옆만 볼 수 있는 반면, 엎드린 자세는 자신의 고개를 들어 눈 위치의 세상을 볼 수 있기 때문에 시야를 넓혀주는 동시에 다양한 시각적 자극을 주는 데 도움이 돼요.

터미 타임은 신생아부터 시도하는 것이 좋아요. 익숙지 않은 자세에 처음에는 울기도 하고, 고개를 드는 것조차 싫어할 수도 있어요. 하지만 쉽게 포기하지는 마세요. 단 10초라도 좋으니 아이가 깨어 있는 동안은 반복해서 터미 타임을 시도해주세요. 터미 타임 시간이 점점 늘어나면서 아이는 누워 있는 것보다 엎드린 자세를 좋아하게 될 거예요. 이때 엄마, 아빠가 꼭 지켜보고 있어야 한다는 것 기억해주세요.

터미 타임 자세는 여러 가지가 있어요. 엄마 가슴 위에서 엎드리기, 아이 가슴에 쿠션 받쳐 엎드리기, 바닥에 혼자 엎드리기 등 단계별로 시도하면 돼요. 42페이지의 터미 타임 놀이를 참고하여 시도해 보세요.

생후 0~3개월

첫 대화를 시작해 볼까요?

🧺 준비물 없음

세상 밖으로 나왔지만 아직 엄마 배 속이 더 편한 우리 아이. 아이의 초민감 등센서와 잦은 수유로 잠이 부족한 우리 엄마들... 놀이는 상상도 못하시겠다고요? 아니에요. 지금 이 순간도 놀이를 하고 있답니다. 이 시기에는 아이를 많이 안아주고 엄마의 목소리를 들려주는 것이 최고의 놀이예요. 잘하고 계신 거예요.

놀이 전 CHECK! CHECK!

- 아이와 말놀이를 하고 싶은가요? Yes ☐ / No ☐
- 일상에서 쉽게 할 수 있는 놀이를 알고 싶은가요? Yes ☐ / No ☐

"아아~ 소식을 전해드립니다"

아이 옆에서 현재 상황을 생중계하거나 아이가 한 행동에 대해서 반응하며 이야기를 해주세요.

○○이 쉬했구나. 많이 불편했겠네.

"배가 많이 고팠구나. 맘마 먹자."
"쉬했네, 기저귀가 젖어서 불편했겠다."
"엄마는 지금 ○○이 옷을 접고 있어."
"엄마는 지금 설거지를 하고 있어."

"날 따라 해봐요, 이렇게~"

아이가 옹알이하듯 소리를 낸다면 좀 더 높은 톤으로 아이의 소리를 흉내 내면서 반응해 주세요. 엄마와 함께 대화할 때는 아이가 엄마의 목소리에 집중할 수 있도록 주변의 소음을 줄여 주세요.

아이: "아아", "아쿵"
엄마: "아아"라고? "아쿵"이라고?

"나비야~ 나비야~"

시간이 날 때마다 노래를 불러주세요. 자장가, 동요 어떤 노래라도 좋아요. 아이는 엄마의 목소리를 좋아한답니다. 노래를 부르면서 안아주고 스킨십도 해주세요. 엄마와의 스킨십을 통해 아이는 정서적 안정감을 느낄 수 있어요.

| 오감자극 TIP |

- 아이와 눈을 자주 맞춰 주세요. 엄마의 모습이 아이의 시야에 들어오게 되면 아이의 뇌에 엄마의 모습이 각인되어 애착의 대상으로 자리 잡게 돼요.
- 아이의 소리를 과장되거나 리듬감 있게 따라 하면 더 크게 반응할 거예요.
- 간단한 율동이 들어간 동요라면 아이의 몸을 쓰다듬거나 주물러주기 또는 아이를 안고 살살 흔들어 보세요. 움직임에 재미를 느낄 거예요.

생후 0~3개월

미끌미끌 로션을 발라요
마사지놀이

🧺 **준비물** 베이비로션

막 목욕을 마친 뽀송뽀송한 우리 아이. 엄마와 애착놀이를 하기에 최적의 타이밍이죠. 춥지 않다면 아이의 몸을 구석구석 천천히 로션을 발라주며 스킨십을 해주세요. 이 시기의 아이는 계속 누워만 있기 때문에 소화와 배변 활동이 힘들 수도 있어요. 이때 마사지를 해주면 효과가 좋아요. 베이비 마사지 강의를 듣거나 인터넷을 보고 따라 해도 좋고, 특별한 기술 없이 엄마가 온몸을 천천히 쓰다듬어 주는 것만으로도 아이를 편안하게 해주어 많은 도움이 된답니다.

놀이 전 CHECK! CHECK!

- 아이와 말놀이를 하고 싶은가요? Yes ☐ / No ☐
- 일상에서 쉽게 하는 놀이를 해주고 싶은가요? Yes ☐ / No ☐
- 간단한 오감놀이를 해주고 싶은가요? Yes ☐ / No ☐

"미끌미끌, 미끄러져요"

목욕 후 누워 있는 아이를 보며 사랑스러운 눈빛으로 대화를 시작해 보아요.

"우리 ○○, 깨끗이 씻으니 더 예뻐졌네."
"둥글둥글 배에도 로션을 발라볼까요?"

"손은 어디 있나! 요~~기"

온몸을 천천히 문지르고 손과 발을 주물주물 만져주세요. 가슴도 위에서 아래로 천천히 쓰다듬어주고 어렸을 때 엄마가 해주시던 '엄마 손은 약손'처럼 배 문지르기도 해 보세요. '내 몸의 요기조기'라는 동요로 아이에게 신체의 이름을 알려주는 시간이 될 수도 있겠죠? 아이 아랫배에 입을 갖다 대고 "뿌우"하고 바람을 불어도 좋아요. 재미있는 소리와 느낌으로 아이가 좋아할 거예요. 재미있는 소리와 느낌으로 아이가 좋아할 거예요.

"우리 ○○이 손을 꾹꾹 기분이 좋아요."
"길쭉길쭉, 다리가 길어지고 있어요."
"문질문질~ 향기도 너무 좋다."

| 오감자극 TIP |

- 로션 바르기 놀이를 오래하면 아이가 힘들어 할 수 있어요. 감기 예방을 위해서라도 10분 이내로 마무리해 주세요.
- 등에서 엉덩이까지 쓰다듬는 마사지는 숙면에 도움이 되고, 가슴 중앙에서 바깥쪽으로 쓰다듬는 마사지는 소화에 도움이 돼요.
- 놀이를 할 때에는 아이의 이름을 많이 불러주세요. 자신의 이름을 반복적으로 들으면서 존재감을 느끼게 되고, 나아가 자존감 형성에도 도움이 된답니다.

생후 0~3개월

점점 잘 보여요
육아 효자템 '모빌' 놀이

 모빌로 놀아요

준비물 흑백 모빌 또는 흑백 초점책, 컬러 모빌

갓 태어난 신생아는 사물을 명확하게 볼 수 없고 생후 3~4주가 되어야 조금씩 명확하게 볼 수 있답니다. 가끔 눈동자를 서로 다른 방향으로 움직여 사시처럼 보이기도 해요. 초점거리는 20~25cm에 불과하고, 복잡한 형태나 색의 대비를 구별하지 못하지만 3개월 무렵부터는 컬러를 인지할 수 있어요. 그래서 초기에는 흑백 모빌을, 3개월 이후부터는 컬러 모빌을 사용하는 것이 좋아요. 잠시나마 엄마에게 꿀맛 같은 휴식을 주어, 육아 효자 아이템으로 불리는 모빌을 활용한 놀이 방법을 알아 볼까요?

놀이 전 CHECK! CHECK!

- 아이와 말놀이를 하고 싶은가요?   Yes ☐ / No ☐
- 일상에서 쉽게 하는 놀이를 해주고 싶은가요?   Yes ☐ / No ☐
- 장난감을 활용하여 아이와 상호작용하는 놀이를 하고 싶은가요?   Yes ☐ / No ☐

"우리 아이 잘 보네"

시중엔 신생아를 위한 초점책들이 많이 나와 있어요. 신생아 시기에는 색을 구분하지 못하기 때문에 흰색&검은색처럼 대비되는 색상의 초점책이 시각 발달에 좋아요. 또 이 시기의 아이는 거의 누워 지내니 세워두고 볼 수 있는 책을 골라주세요. 굳이 책을 사지 않고 프린트를 해서 직접 만들어 보여줘도 좋아요. 짱구베개를 베지 않는 이상 아이는 고개를 돌려 옆을 볼 테니 아이의 얼굴 옆에 책을 놔주세요. 고개를 좌우로 움직일 수 있도록 위치를 바꿔서 보여주는 것이 좋아요.

"엄마랑 같이 초점책 보자."
"무슨 모양일까?"
"네모네모~~ 점점점~~"

"여기는 동물의 왕국"

아이가 깨어 있는 동안은 아이와 함께 모빌을 보면서 대화해 보세요. 마땅한 대화 주제가 없을 때 함께하기 좋은 장난감이랍니다. 빙글빙글 돌아가는 인형의 이름을 말해주고, 모빌에서 나오는 노래를 흥얼거리다보면 시간이 금방 가요. 아이와 같은 자세로 누워 아이의 눈높이에서 함께 모빌을 보며 이야기를 나눠보세요.

"빙글빙글 모빌이 돌아가네."
"멍멍이네~~멍멍"
"알록달록 예쁜 인형이 있네."
"랄라라라~~랄라라라~~ 노래가 나오네."

| 오감자극 TIP |

- 아이가 가끔 눈을 옆으로 봐도 걱정하지 마세요. 신생아는 눈과 목의 근육 발달이 아직 미숙해서 머리도 정중앙에 스스로 놓기 힘든 시기예요. 그래서 주로 머리도 옆으로 돌아가 있고 눈동자도 가끔씩 옆을 보고 있답니다. 이런 행동은 아이가 발달하면서 점차 없어져요. 걱정하지 말고 아이와 눈 맞춤도 하고 모빌을 보며 자극을 주세요.
- 한 가지 자극을 오래 주는 것보다는 다양한 자극을 주는 것이 아이의 발달에 도움이 돼요. 또한 아이들은 사물보단 사람의 얼굴을 더 잘 인식해요. 자주 눈을 맞추고 부드러운 음성으로 대화하며 균형 있게 놀아 주세요.
- 흑백 초점카드와 흑백 모빌은 짧은 기간 동안만 사용하기 때문에 흑백 모빌과 초점책 도안을 찾아 인쇄하여 만들어보는 것도 좋아요.

초간단 모빌 만들기

준비물 습자지, 색종이, 리본 끈, 장난감, 스카치테이프

시중에 파는 한 가지 모빌만 보여주기 지루하다면? 집에 있는 재료들을 활용하여 간단히 엄마표 모빌을 만들어 보세요. 잘 만들 필요는 없어요. 아이의 오감을 자극할 수 있는 재료를 활용하는 것에만 집중해 주세요. 아이는 아직 완성도에 대한 개념이 없으니까요!

놀이 전 CHECK! CHECK!

- 아이와 말놀이를 하고 싶은가요?   Yes ☐ / No ☐
- 일상에서 쉽게 하는 놀이를 해주고 싶은가요?   Yes ☐ / No ☐
- 간단한 오감놀이를 해주고 싶은가요?   Yes ☐ / No ☐
- 장난감을 가지고 엄마와 함께 상호작용할 수 있는 놀이를 하고 싶은가요?   Yes ☐ / No ☐

"간질간질, 이게 뭘까?"

습자지나 색종이를 길게 자르고, 리본 끈도 비슷한 길이로 잘라주세요. 리본 끈에는 장난감을 묶어 낮은 책상이나 기존에 쓰던 모빌 대에 붙여 색다른 모빌을 만들어 보세요. 이 시기의 아이는 평소 주먹을 쥔 채로 있고 혼자서 손을 뻗어 물건을 잡을 수는 없어요. 엄마가 재료들을 툭툭 쳐 보거나 재료를 만져 소리를 내고 흔들어 주세요. 시각, 청각, 촉각 등 다양한 자극을 통해 오감놀이를 할 수 있어요.

"종이가 달려 있네, 바스락, 흔들흔들"
"우리 ○○이 딸랑이도 달려 있네, 딸랑딸랑"

| 오감자극 TIP |
습자지나 색종이는 아이의 몸에 닿을 정도로 길게 만들어주세요. 아직 손으로 만질 수는 없지만 혼자 바둥바둥거리면서 촉감을 느낄 수 있답니다. 자연스럽게 오감놀이가 돼요.

자연물을 이용한 컬러 모빌 만들기

 **준비물** 페트병, 낙엽 또는 잎사귀, 솔방울, 리본 끈 또는 낚싯줄

아이가 아직 어려서 집에만 있으려니 답답하시죠? 아이와 함께 자연물을 보면서 조금이나마 힐링을 해 보는 시간을 가져보는 것은 어떨까요? 만들기도 쉽고 우리 아이에게 밖의 세상을 이야기해줄 수도 있는 모빌을 함께 만들어 볼게요.

놀이 전 CHECK! CHECK!	
• 아이와 말놀이를 하고 싶은가요?	Yes ☐ / No ☐
• 일상에서 쉽게 하는 놀이를 해주고 싶은가요?	Yes ☐ / No ☐
• 자연물을 이용한 간단한 놀이를 해주고 싶은가요?	Yes ☐ / No ☐
• 장난감을 가지고 엄마와 함께 상호작용할 수 있는 놀이를 하고 싶은가요?	Yes ☐ / No ☐

"바깥 세상을 알려주마!"

페트병을 잘라 모빌 윗부분을 만들고 페트병에 낚싯줄이나 얇은 리본 끈을 붙여주세요. 낚싯줄에 깨끗하게 닦아 말린 나뭇잎이나 솔방울과 같은 자연물 재료를 달아주면 완성이에요.

"동글동글 솔방울이네."
"뾰족뾰족 단풍잎이야."
"단풍잎은 ○○이 손가락이랑 닮았네."

| 오감자극 TIP |
- 꽃은 아이에게 알레르기가 있을 수 있으니 낙엽이나 잎사귀를 사용하고, 깨끗하게 씻어서 말린 후 만들어주세요.
- 여러 종류의 장식을 사용할 경우 무거워질 수 있으니 떨어지지 않도록 단단히 고정해주세요.
- 모빌 놀이는 위치 선정이 중요해요. 아이와 너무 가까우면 아이의 눈동자가 몰릴 수 있고, 너무 멀면 초점을 잡기 힘들 수 있어요. 모빌은 아이의 눈에서 약 20~30cm 거리에 달되, 아이 눈 위쪽보다는(아이의 눈동자가 자꾸 위를 보게 돼요.) 45도 아래를 볼 수 있도록 달아주는 것이 좋아요. 3개월이 지나면 손과 팔을 휘저으며 잡아당길 수도 있으니 50cm 높이에 달아주세요.

생후 0~3개월

신생아 필수 놀이
터미 타임(목 가누기 놀이)

준비물 수건 또는 수유쿠션, 장난감, 거울

터미 타임(Tummy Time)은 "Back to Sleep, Tummy to Play"(재울 때는 똑바로 누워서, 놀 때는 엎어서)라는 말이에요. 목 가누기 놀이라고 생각하면 돼요. "애!!! 애 힘들게 왜 엎드리게 하니?" 할머니, 할아버지가 보시면 분명 한소리 하실 놀이기도 하고요. 하지만 목 가누기 놀이는 신생아에게 꼭 필요한 운동이고 아이 발달에도 많은 도움을 주는 놀이이므로 틈틈이 해주는 것이 좋아요. 처음엔 익숙하지 않아서 울 수도 있지만 조금씩 해보면 금방 적응할 수 있을 거예요. 터미 타임은 신생아 때부터 시작하는 것이 좋으며, 엄마가 신생아에 맞는 터미 타임 자세를 잡아주시면 돼요. 단 몇 초에서 시작해 시간을 조금씩 늘리면서 아이가 적응할 수 있는 시간을 주세요. 단, 터미 타임 놀이를 할 때에는 혹시라도 있을지 모를 신생아 돌연사 증후군을 예방하기 위해 반드시 옆에서 지켜봐 주어야 한다는 것 꼭 기억해주세요.

놀이 전 CHECK! CHECK!

- 아이와 말놀이를 하고 싶은가요? Yes ☐ / No ☐
- 일상에서 쉽게 하는 놀이를 해주고 싶은가요? Yes ☐ / No ☐
- 기기 전 아이의 발달에 도움을 주는 자세로 다양한 놀이를 해주고 싶은가요? Yes ☐ / No ☐

"엄마 배가 제일 편해요"(신생아)

엄마가 바로 누운 자세에서 배 위에 아이를 엎드려 올려주세요. 아이는 엎드린 자세에서 얼굴은 옆을 보게 해주세요. 팔꿈치는 구부려 팔을 몸통 쪽으로 바짝 붙이고 다리도 구부려주세요. 이렇게 웅크린 자세가 신생아에게 제일 편안한 자세예요. 이 상태에서 아이에게 말을 걸어주거나 노래를 불러주세요.

"우리 ○○야, 폭신폭신 엄마 배 위에 누워보자."
"까꿍"
"콩닥콩닥~ 엄마 심장소리야."

"영차영차 엎드려보자"(생후 1~2개월)

엎드려서 다양하게 오래 놀아주고 싶을 경우에는 수유쿠션이나 돌돌 말은 수건 위에 아이가 엎드릴 수 있도록 하면 좋아요. 아이가 엎드린 자세에서 양쪽 겨드랑이 밑에 수유쿠션이나 수건을 말아서 껴주면 좀 더 안정감이 생겨서 목을 더 잘 들고 자세를 오래 유지할 수 있게 돼요. 처음엔 푹신한 수유쿠션을 사용하고, 점점 익숙해지면 수건으로 바꿔주세요. 이 자세는 생후 1~2개월의 아이에게 좋아요.

"까꿍, 엄마야~"
"애벌레 인형 만져보자. 보들보들 기분 좋다."
"냠냠, 빨아봐도 돼."

"신기한 세상이 보여요" (생후 2~3개월)

생후 2~3개월의 아이라면 엎드린 자세에서 거울을 보거나 장난감으로 놀아보세요. 얼굴을 볼 수 있는 거울이나 소리가 나는 장난감을 주면 동기부여가 되어 좀 더 고개를 오래 들고 있을 수 있어요. 머리를 잘 든다 싶으면 장난감의 위치도 바꿔가면서 다양한 시각 자극을 주세요.

"아이 예뻐라. 반짝반짝 거울이네."
"까꿍! 안녕?"
"거울 속에 누가 있어요?"

| 오감자극 TIP |

- 터미 타임은 처음엔 하루에 2~3번, 몇 분 또는 아이가 원하는 만큼만 해주고, 점점 시간을 늘려보세요.
- 하루 10초라도 꾸준히 해 보세요. 엎드린 자세에 적응하여 익숙해지면 엎드려서 노는 활동을 즐기게 될 거예요.
- 수유쿠션이나 수건을 받쳐주면 어깨와 그 주변 부위에 안정감이 생겨 머리 들기가 좀 더 쉬워져요.

생후 0~3개월

엄마 목소리가 들려요
휴지심 통화놀이

준비물 휴지심

아이는 엄마 배 속에서 엄마, 아빠의 목소리를 수시로 들었기 때문에 태어나서도 목소리를 기억한답니다. 이 익숙한 목소리로 아이에게 수시로 말을 걸어주면 언어 발달에 도움이 돼요. 좀 더 재미있게 말걸기 놀이를 하고 싶다면 휴지심으로 아이와 은밀한 통화를 해 보는 것은 어떨까요?

놀이 전 CHECK! CHECK!

- 아이와 말놀이를 하고 싶은가요?   Yes ☐ / No ☐
- 일상에서 쉽게 하는 놀이를 해주고 싶은가요?   Yes ☐ / No ☐

"여보세요?"

누워 있는 아이의 귀에 휴지심을 대 보세요. 이때 귀에 바짝 닿는 것보다는 살짝 떨어트려 주세요. 휴지심을 귀에 바짝 가져가면 휴지심 촉감이 아이 얼굴에 닿아 피부가 예민한 아이들은 상처가 생길 수 있고, 촉감 때문에 소리에 집중하지 못할 수도 있으니 적당한 거리를 유지해주세요. 엄마는 아이에게 재미있는 소리를 내주거나 편안한 목소리로 말을 걸어주세요.

"아빠야, 안녕?"

"우리 ○○이 기분 좋아요? 까꿍"

"우리 아가, 맘마 꿀꺽꿀꺽 잘 먹었지?"

"기저귀 갈아서 기분 좋겠다."

| 오감자극 TIP |

- 아이가 쉽게 들을 수 있도록 톤이 약간 높은 목소리로 말을 걸어주세요.
- 이 시기의 아이는 사람의 목소리를 멜로디로 들으므로, 천천히 그리고 분명하게 리듬감 있게 반복해서 말해주세요. "꿀꺽꿀꺽, 콩콩콩, 까꿍"
- 이 놀이는 소리에 집중하는 놀이예요. 휴지심이 아이 피부에 닿으면 휴지심 촉감이 소리에 집중하는 것을 방해할 수 있으니 아이 귀에 가까이 대지 않는 것이 좋아요.
- 소리에 집중하는 놀이이므로 주변 소음이 심하지 않은 곳에서 놀이를 해주세요.
- 한쪽에서만 소리를 들려주기보다는 양쪽 귀를 번갈아 가며 소리를 들려주세요. 소리가 나는 방향으로 아이가 바라보게 될 거예요.
- 아이의 귀에 대고 이야기를 해줄 때에는 소곤소곤 부드럽게 말해주세요. 아이가 깜짝 놀라지 않도록 엄마의 포근한 목소리를 들려주세요.

생후 0~3개월

엄마, 아빠는 최고의 명품 배우!

🧺 준비물 없음

"그대의 연예인이 되어 항상 즐겁게 해 줄게요. 연기와 노래 코미디까지 다 해줄게~~"라는 노래가 있죠? 평생의 짝사랑 우리 아이를 위해서라면 부끄러움도 잠시. 그동안 감춰왔던 끼와 모든 개인기를 방출시켜 아이만의 연예인이 되어 볼까요? 엄마, 아빠의 다양한 표정을 보면서 아이는 재미도 느끼고 눈을 맞추면서 애착 형성도 할 수 있어요. 평소 무뚝뚝하신 어르신들도 아이를 안으면 "오구오구", "그래쪄영?"이라고 말하며 무장해제시키는 마법 같은 우리 아이를 위해 연예인으로 변신할 준비 되셨나요?

놀이 전 CHECK! CHECK!

- 아이와 말놀이를 하고 싶은가요? Yes ☐ / No ☐
- 일상에서 쉽게 하는 놀이를 해주고 싶은가요? Yes ☐ / No ☐
- 상호작용 놀이로 아이와의 애착 형성에 도움을 주고 싶은가요? Yes ☐ / No ☐

"앗!!! 깜짝이야"

생후 2개월이면 또렷하지는 않지만 엄마의 얼굴을 희미하게나마 알아 볼 수 있어요. 엄마가 아이의 눈을 보면서 다양하게 표정을 지어주면 아이가 그대로 따라할 수도 있어요.

서로 바라보는 자세로 아이를 안거나 매트나 요에 눕혀주세요. 웃는 모습, 입을 벌린 모습, 메롱하는 모습, 우는 모습, 화내는 것처럼 눈썹을 치켜 올리는 모습 등 다양한 얼굴 표정을 보여주고 노래도 부르면서 눈을 보고 놀아 봐요.

"메롱~ 메롱메롱~~"
"잉잉잉~~ 슬퍼요."
"하하하하하하~~"

| 오감자극 TIP |

- 아이가 지루해하거나 외면하면 놀이를 중단해주세요. 아무리 좋은 자극이라도 아이가 반응이 없다면 다른 놀이를 하거나 놀이를 끝내는 것이 좋아요.
- 놀이를 할 때에는 표정이 확실하게 구분되도록 얼굴 표정을 크게 해주세요.
- 엄마가 짓는 다양한 표정에 따라 아이가 웃거나 긴장하는 모습을 볼 수 있어요. 신생아기에는 엄마의 표정을 반사적으로 모방하게 되지만 생후 3개월이 되면 엄마의 표정을 이해하고 행복해하기도, 긴장하기도 해요.

생후 0~3개월

두 손을 모아 볼까?

🧺 **준비물** 손목 딸랑이 또는 손수건

생후 3개월쯤 되면 조금씩 목과 목 주변의 근육들이 힘이 생기면서 혼자서 머리를 정중앙에 오도록 할 수 있고, 손도 가운데로 모으려고 시도해요. 각각 따로 놀던 두 손이 모을 수 있게 되면서 물건을 쥐고 조작하기 위한 준비를 해요. 두 손을 모아 쪽쪽쪽 빨아보려고도 할 거예요. 너무 귀엽죠? 즐거운 놀이로 생각하며 발달을 도와주세요.

놀이 전 CHECK! CHECK!

- 아이와 말놀이를 하고 싶은가요? Yes ☐ / No ☐
- 일상에서 쉽게 하는 놀이를 해주고 싶은가요? Yes ☐ / No ☐
- 아이의 신체 발달에 도움을 주는 놀이를 해주고 싶은가요? Yes ☐ / No ☐

"점점 가까워져요"

바로 누운 자세에서 손 모으기 놀이를 해 볼게요. 아이가 아직 잘 하지 못한다면 엄마가 두 손을 모을 수 있도록 도와주고 손목 딸랑이와 같이 소리가 나는 것을 손목에 달아 아이가 두 손을 보면서 놀 수 있게 해주세요. 소리가 나는 딸랑이 장난감은 아이의 청각 발달에 도움이 된답니다. 손목에 손수건을 묶어 주어도 좋아요. 손수건으로 아이의 촉감을 자극할 수 있거든요. 또, 입으로 가져가게 도와주셔도 좋아요.

"서로 콩콩콩 부딪혀볼까?"

"두 손을 콩콩콩 부딪혀볼까?"
"손목에 딸랑딸랑 딸랑이가 있네.
 다른 손으로 만져보자."

| 오감자극 TIP |

- 손을 모으는 활동은 아이에게 몸의 중앙을 알게 해주고 자신의 몸을 탐색하며 배우는 중요한 동작이에요. 잘 하지 못한다면 엄마가 아이의 양 팔을 잡고 두 손을 모을 수 있도록 도와주세요.
- 생후 3개월 무렵의 아이는 웅크리고 있던 손가락이 점차 펴지기 시작해요. 두 손 모으기를 할 때 가끔씩 손가락을 펴서 손바닥도 서로 마주쳐 보게 하고 손바닥으로 다른 손도 만져볼 수 있도록 해주세요.
- 손바닥을 간지럽히는 놀이는 아이에게 불쾌감을 줄 수 있고 예민해질 수 있으니 조심해주세요.

CHAPTER 03
생후 4~6개월
아이 주도 놀이

100일! '100일의 기적'이 찾아오는 시기예요. 그동안의 고생을 보상해줄 신세계가 찾아온답니다. 나름 통잠도 자고, 혼자서 노는 시간도 늘어나고요. 하지만 '100일의 기적'이 모두에게 찾아오는 것은 아니더라고요. 저처럼 '100일의 기절'을 만난 분들도 있을 거예요. 밤에 깨지 않고 잘 자다가도 뒤집다 울고, 이앓이 하느라 울고, 성장통와서 울고… 기승전 '울기' 시즌!! 그래도 시간이 해결해줄 거예요. 조금만 더 버텨보아요.(파이팅!)

이 시기는 손에 닿는 모든 것들을 입으로 가져가요. 손가락도 쪽쪽쪽, 발가락도 쪽쪽쪽, 장난감도 쪽쪽쪽 입에 안 넣는 게 없어요. 덕분에 장난감, 치발기 소독하느라 바쁘답니다. 또 뒤집기, 배밀이도 시작해 아이 주변의 위험한 물건들도 싹 정리해야 해 여러모로 정신없는 시기일 수 있어요.

★★★ 생후 4~6개월 아이는요 ★★★

- 바로 누운 자세에서 손으로 무릎, 발을 잡을 수 있고, 입으로도 가져가요.
- 팔로 바닥을 짚고 상체를 들어요.
- 양손을 모을 수 있으며, 손가락으로 놀기 시작해요.
- 생후 키 69cm 전후, 몸무게 7~8kg
- 뒤집기를 할 수 있어요.
- 배밀이를 시도해요.
- 물체를 보고 손을 뻗어 잡아요.
- 6개월이 되면 손으로 지지하고 앉기 시작해요.
- 손에 잡히는 것을 입으로 가져가고 흔들 수 있어요.

신체 발달

보통 6개월이 되면 치아가 나기 시작해요.(치아가 나는 시기는 아이마다 다를 수 있어요.) 이 시기에는 씹고자 하는 욕구가 강해지고, 입 안의 음식을 뒤쪽으로 가져가 삼킬 수 있는 능력이 발달하게 되어 이유식을 시작해도 좋아요.

인지&언어 발달
- 자기 손과 손가락을 주시해요.
- 물건보다 사람에 더 관심이 많아요.
- 말을 알아 듣기 시작해 자신의 이름을 부르면 쳐다봐요.
- 종종 빨기와 입술 핥는 것으로 맘마 준비 소리에 반응해요.

사회성 발달
- 기분이 좋으면 소리 내어 크게 웃어요.
- 자신과 비슷한 또래에 관심을 가져요.
- 좋고, 싫음을 표정과 몸짓으로 표현해요.
- 낯가림이 시작되어 엄마와 다른 사람의 얼굴을 기억해요.

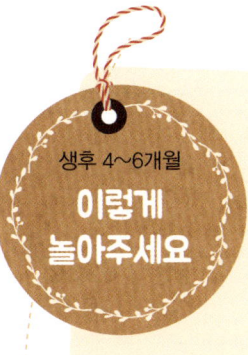

- 눕거나 엎드려서 하는 놀이가 주를 이루며 아이는 손과 발을 만지고 빨면서 몸을 가지고 놀아요. 자신의 신체에 대한 탐색이 잘 이루어져야 신체를 효율적으로 사용하여 과제를 적절히 수행할 수 있어요.
- 아직 손의 사용이 미숙해 주로 구강으로 감각 탐색을 하는 시기예요. 엄마는 주변 위생에 신경 써 아이가 마음 놓고 자신의 몸을 탐색하고, 위험하지 않은 장난감을 빨면서 놀 수 있도록 해주세요.
- 이 시기의 아이는 앉혀 놓으면 바닥에 손을 짚고 잠시 동안 혼자 앉아 있어요. 아이가 혼자 앉기 힘들어하면 범보의자를 사용해 보세요. 범보의자는 아이의 허리를 받쳐주어 아이가 양손을 자유롭게 쓸 수 있어 놀이를 할 때 좋아요. 대신 너무 오래 앉히지는 마세요. 아직 앉는 준비가 덜 된 상태(근육,관절, 척추발달)에서 범보의자에 오래 앉게 되면 무리를 줄 수도 있어요.

> **책 속 추천 놀이**
> - 데굴데굴 양말공으로 놀아요_ P.60
> - 아빠와 함께하는 신체놀이_ P.62
> - 쪽쪽쪽 입에 넣어도 안심 색종이놀이_ P.67

- 엄마, 아빠의 목소리로 말을 많이 걸어 주세요. 천천히 짧은 문장으로 말하되, 말과 말 사이에 텀을 주면 아이가 집중하여 들을 수 있어요.
- 아이가 소리를 내는 것에 흥미를 가질 수 있도록 아이의 언어를 많이 흉내 내주세요.
- 장난감에 흥미를 보이는 시기이므로 함께 장난감을 가지고 놀면서 의성어, 의태어를 많이 사용해주세요.
  - 예) 공이 데굴데굴 굴러가네~, 반짝반짝, 흔들흔들, 쿵쿵쿵쿵, 간질간질
- 아이가 보고 있는 것에 대해 말해주면서 보고 듣는 것을 동시에 할 수 있도록 해주세요.
  - 예) 모빌이네? 흔들흔들, 빙글빙글 돌아간다.

생후 4~6개월, **전문가 조언**

아이가 손을 빠는 건 자연스러운 일이에요
빨지 말라고 하지 마세요

아이가 자신의 손과 발을 가지고 노는 것에 재미를 느끼는 시기로, 이 행동이 아이의 발달에도 중요한 역할을 한답니다. 손, 발도 빨아보고 만져보고 움직여 보면서 자기 몸을 알아갈 수 있기 때문이에요. 우리 몸을 적절하게 움직이고 사용하려면 먼저 몸에 대해서 탐색하는 과정이 필요해요. 이 시기의 아이는 아직 손을 쓰면서 물건을 탐색하고 능숙하게 조작하기 힘들기 때문에 입으로 자신의 몸과 물건을 빨면서 인지해요. 입이 손 역할을 한다고 생각하면 됩니다. 엄마는 아이의 행동을 제재하기보다는 틈틈이 아이의 손과 발을 닦아 청결을 유지하고 장난감만 자주 닦아주세요. 침독크림도 필수로 준비해 주셔야 한다는 것 잊지 마시고요. 돌 이전에 구강기 욕구가 충족되지 않으면 그 이후에 뒤늦게 나타날 수도 있어요. 충분히 탐색할 시간을 주세요.

아이에게 위험하지 않은 환경을 만들어 주세요

뒤집기 시작하고 배밀이를 하게 되면 아이가 노는 범위는 점점 넓어지기 시작해요. 덕분에 만지면 안 되는 물건을 입으로 빨기도 하죠. 생각지도 못했던 것이라 깜짝 놀라실 수 있어요. 위생도 위생이지만 위험하니까요! 가구 모서리, 콘센트, 신발 등 예전엔 몰랐는데 우리 집이 이렇게 위험 투성이라니….
엄마, 아빠는 항상 안테나를 세우고 지켜봐 줘야 하는 시기가 시작돼요. 지금부터는 "안 돼!"가 아닌 "돼!"라고 말할 수 있는 환경을 만들어주세요. 아이가 손을 뻗으면 바로 닿을 수 있는 곳에는 위험한 물건들은 모두 치우고 실컷 만지고 놀아도 되는 장난감을 놓아주세요. 또, '가구 모서리 보호대, 콘센트 마개'를 설치해서 사고를 예방해주시고 베이비룸을 사용하여 위험한 곳으로 이동하지 못하게 해주면 엄마와 아이 모두 스트레스를 받지 않을 거예요. 만지면 안 된다는 훈육은 좀 더 커서 엄마의 말을 이해하고 따를 수 있을 때쯤 해도 충분해요.

생후 4~6개월

내 발을 찾아라!

🧺 **준비물** 은박지 또는 습자지, 발목 딸랑이

목과 배 근육이 점점 발달하면서 아이는 동글동글 공처럼 몸을 말아서 발을 빨 수 있게 돼요. 어쩜 그리 맛있게 먹는지 요즘 유행하는 먹방이 따로 없어요. 아이의 이런 행동에는 발달에 필요한 많은 요소가 숨어 있다는 사실! 더럽다고 빨지 못하게 하지 마세요. 자기 발을 보면서 자기 몸을 익히고 신체도 단련하는 동작이랍니다.

놀이 전 CHECK! CHECK!

- 아이와 말놀이를 하고 싶은가요? Yes ☐ / No ☐
- 일상에서 쉽게 하는 놀이를 해주고 싶은가요? Yes ☐ / No ☐
- 아이의 신체 발달에 도움을 주는 놀이를 해주고 싶은가요? Yes ☐ / No ☐

"찾아라! 포동포동 아가 발"

아이가 누워 있는 자세에서 엄마는 아이 발쪽에 자리해주세요. 아이가 자신의 발에 흥미를 가질 수 있도록 발을 만져주고 같이 대화해요.

 "○○이 발 어딨지? 포동포동 우리 아가 발~"
 "보들보들~ ○○이 발이야."

포동포동~
○○이 발이야.

"세상 제일 유연한 체조선수가 되었어요"

발목에 발목 딸랑이를 달아서 놀아보세요. 소리가 나는 장난감은 아이의 청각 발달에 도움이 돼요.

"우리 ○○이 발에서 소리가 나네. 딸랑딸랑"
"영차영차, 발목 딸랑이를 손으로 잡아 볼까?"

"괴력의 발차기 얍!!!"

아이의 발이 닿는 벽 쪽에 은박지나 은박접시, 습자지처럼 만지면 소리가 나는 종이를 붙여주세요. 은박지는 너무 벽에 딱 붙지 않도록 붙여주세요.(평평하게 붙이면 소리가 안 나니 주의하세요.) 벽이 아니라 베개나 쿠션에 습자지를 붙여도 좋아요. 아이가 발버둥치면서 은박지나 습자지를 발로 쳐서 소리가 날 거예요.

"○○가 만든 소리야. 멋지다!"
"바스락바스락 소리가 나네."

| 오감자극 TIP |

- 자신의 발을 만지고 입으로 빨고 놀면서 발과 다리를 인식하게 되는데, 이는 자기 몸을 스스로 조절하기 위한 준비 과정이에요. 발과 무릎을 보며 목 근육과 배 근육을 단련할 수 있어 앉거나 기기를 할 때 도움이 돼요.
- 스스로 발을 들어올리기 힘들어 한다면 아이의 엉덩이 밑에 수건을 말아 넣어주면 쉽게 발을 보고 놀 수 있어요.
- 소리가 나는 장난감을 발 밑에 놔두어도 좋아요.

생후 4~6개월

흔들흔들 손수건놀이

준비물 손수건

육아 필수품 가제손수건! 침도 닦고, 입 안도 닦고, 목에도 두르고 만능이에요. 신기하게도 손수건에 밴 아이 냄새는 세탁을 해도 남아 있어요. 빨래를 개다가도 한 번씩 맡으면 기분이 좋아지더라고요. 아이가 있는 집이라면 기본 수십 장은 가지고 있는 손수건으로 아이가 좋아하는 놀이를 해 볼까요?

놀이 전 CHECK! CHECK!

- 아이와 말놀이를 하고 싶은가요?   Yes ☐ / No ☐
- 일상에서 쉽게 하는 놀이를 해주고 싶은가요?   Yes ☐ / No ☐
- 상호작용 놀이로 애착 형성에 도움을 주고 싶은가요?   Yes ☐ / No ☐
- 아이의 신체 발달에 도움을 주는 놀이를 해주고 싶은가요? Yes ☐ / No ☐

"흔들흔들, 엄마 손을 따라가요"

매일 사용하는 손수건이 모빌이 되는 순간! 바로 누운 자세에서 엄마가 아이의 눈높이에 맞춰 흔들흔들 손수건을 흔들어주세요. 오른쪽, 왼쪽, 위아래 다양한 방향으로 천천히 옮겨가며 손수건을 보여주세요.

"팔랑팔랑, 손수건이 춤추네."
"손수건이 어디 갔지? 여기 있네?"

"엄마를 찾아주세요"

이번엔 엄마가 손수건으로 얼굴을 가렸다가 다시 보여주면서 까꿍놀이를 해 보세요. 까꿍놀이는 엄마와의 반복적인 눈 맞춤을 통해 애착 형성과 정서적 안정감을 느낄 수 있어 이 시기에 효과적인 놀이예요.

"○○야, 엄마 어딨지?"
"까꿍! 엄마 여기 있네~"

"손수건을 잡아 볼까?"

아이가 엎드린 자세에서 최대한 팔을 뻗을 수 있는 높이에 손수건을 주고 잡을 수 있게 해주세요. 손수건을 바닥에 놓아주어도 좋아요. 팔을 휘두르다가 잡을 수도 있을 거예요. 그 다음엔 쪽쪽쪽 입으로 들어가겠죠? 엄마랑 잡고 줄다리기를 해 보아도 좋아요.

"잡는다~ 잡는다~ 잡았다!!!"
"최고! 잘했어요."
"영차영차~ 우리 ○○이 힘세다."

| 오감자극 TIP |

- 누운 상태, 엎드린 상태, 앉은 상태 등등 다양한 자세에서 놀이를 해 보아요.
- 손수건을 아이 눈 바로 앞에 보여주지 말고 약간 떨어뜨려 보여주세요. 너무 가까이에서 손수건을 보여주면 눈에 자극이 될 수도 있고 물건에 초점을 맞추기 힘들어 해요.
- 손수건을 빨강, 파랑, 노랑과 같은 원색을 사용하면 아이가 더 잘 볼 수 있어 시각 자극에 도움이 돼요.

생후 4~6개월

데굴데굴
양말공으로 놀아요

🧺 **준비물** 신생아 양말, 비닐 또는 셀로판지, 손수건

언제 크나 했는데 눈 깜짝할 새 태어났을 때보다 두 배 이상 자랐어요. 비록 제 손목은 삐그덕거리고 팔뚝은 점점 굵어지지만 건강하게 자라주는 것만으로도 감사하답니다. 태어나기 전에 사놓은 신생아 양말이 이젠 안 맞을 거예요. 그냥 버리기엔 너무 아까우니 양말을 활용하여 아이 장난감을 만들어서 놀아 볼까요?

놀이 전 CHECK! CHECK!

- 아이와 말놀이를 하고 싶은가요? Yes ☐ / No ☐
- 일상에서 쉽게 하는 놀이를 해주고 싶은가요? Yes ☐ / No ☐
- 간단한 오감놀이를 해주고 싶은가요? Yes ☐ / No ☐

"데굴데굴 양말공 친구, 안녕?"

신생아 양말 한짝에 다른 양말을 여러 겹 겹쳐 넣거나 손수건을 돌돌 말아 넣어 주면 간단하게 공이 완성돼요. 너무 쉽죠? 저처럼 바느질 못하는 엄마에게 딱!!! 열심히 쪽쪽 빨아도 안심이고, 세탁도 쉬워요.

"○○아, 이게 뭘까? 한번 만져볼래?"

"폭신폭신하다."

"데굴데굴~ 떼구르르르~ 굴러간다."

"알록달록 색깔도 예쁘다."

"쪽쪽쪽~ 맛있어요?"

"엄마, 신기한 소리가 나요"

양말 안에 셀로판지나 비닐팩을 넣고 간단한 바느질로 꿰매면 바스락바스락 소리가 나면서 더 재미있는 장난감이 돼요. 아이가 공을 만질 때마다 소리가 나 더 재미있어 할 거예요.

"바스락바스락 소리가 나요."

| 오감자극 TIP |

- 아이가 여름에 태어나 신생아 양말이 없다면, 손싸개를 이용해서 만들거나, 안 신는 엄마 양말을 한번 삶아서 만들어주면 더 큰 장난감으로 만들 수 있어요.
- 양말을 다양한 방향으로 굴려주면 아이의 눈이 따라올 거예요. 이 놀이 과정을 통해 자연스럽게 시각 자극이 된답니다.

생후 4~6개월

아빠와 함께하는 신체놀이

🧺 **준비물** 풍선이나 리본 끈

이 시기 아이들은 몸을 높이 들어올려주면 아주 좋아해요. 지금이 아빠 찬스를 쓸 수 있는 절호의 기회!! 높은 곳에서 자지러지게 웃는 아이의 모습에 아빠는 나름 뿌듯함을 느끼죠! 다음날 온몸의 근육통은 기본 옵션으로 따라오겠지만 힘내주세요! 나중엔 아이가 무거워져 하고 싶어도 못하게 되니 할 수 있을 때 많이 해주세요.

놀이 전 CHECK! CHECK!

- 아이와 말놀이를 하고 싶은가요? Yes ☐ / No ☐
- 일상에서 쉽게 하는 놀이를 해주고 싶은가요? Yes ☐ / No ☐
- 아이와 함께 다양한 신체놀이를 하고 싶은가요? Yes ☐ / No ☐

"눈을 보고 내게 말해요"

아빠와 마주보고 앉거나 누운 자세에서 얼굴을 서로 바라봐주세요. 짧고 단순한 문장으로 단어를 반복하며 말해야 아이가 더 재미있어 해요. 아이의 옹알이를 따라하면 더 멋진 대화가 된답니다. 아이의 손을 만져주고 가볍게 간질간질도 해 보아요.

"○○야, 아빠가 안아줄까?"
"우리 ○○, 잼잼잼, 짝짜꿍~ 짝짜꿍, 쎄쎄쎄"
"간질간질 간~질~~"

"부릉부릉 빠방을 탔어요"

달달달~ 아빠 경운기. 아빠의 몸이 경운기가 되는 시간이에요. 아빠가 의자에 앉아서 마주보고 안은 상태에서 다리를 흔들어주면 아이 몸이 흔들흔들 아주 좋아합니다. 리드미컬하게 흔들거나 천천히 흔들다가 빨리 흔들고 조금씩 변화를 주면 집중력이 짧은 아이들의 가슴이 두근두근~~ 아빠에게 빠져 들 거예요.

"푹신한 아빠 다리에 앉았네. 좋아요?"
"출발! 영차영차, 통통통, 달달달"
"아빠랑 빠방이 타고 어디 갈까요?"

"아빠는 오늘 1일 비행기 조종사!"

아이의 머리가 바닥을 향하도록 엎드린 상태에서 팔로 아이의 배를 받치거나 아이의 배에 손을 대고 옆구리에 럭비공을 끼듯이 비행기 자세로 집안 여기저기 다녀보세요. 아이가 눈으로, 손으로 가리키는 사물에 반응해주면서 돌아다니면 돼요.

"아빠표 비행기를 타러 가요."
"이건 시계야. 똑딱똑딱~"
"여기에 거울이 있네! 아빠랑 ○○이가 보이네, 안녕?"

"세상 제일 높은 곳에 올라갔어요"

천장에 풍선을 매달고 아빠가 아이 몸을 잡은 후 바닥에서 풍선이 있는 천장으로 들어올렸다가 내려주세요.

"풍선이 매달려 있네?"
"잡으러 가 볼까?"
"올라갑니다. 슈우웅~~"
"앗! 놓쳤다. 내려갑니다."

| 오감자극 TIP |

- 이 시기의 아이는 낯가림이 시작되기 때문에 함께 있는 시간이 적은 아빠와의 놀이를 자주 해주어 애착 형성을 해주세요.
- 아빠가 아이의 몸을 들어올려주면 공간 위치가 달라져 다양한 시각 자극을 얻을 수 있어요.
- 놀이를 할 때, 아이가 놀라지는 않는지 반응을 확인하며 강도를 조절해 주세요. 아이마다 같은 흔들림도 다르게 받아들일 수 있어요.

생후 4~6개월

누구세요? 신기한 거울놀이

🧺 **준비물** 거울

집 안의 모든 것이 우리 아이 장난감이 될 수 있어요. 특히, 이 시기의 아이들은 거울을 참 좋아해요. 거울 속을 빤히 쳐다보고 웃고 격한 뽀뽀까지 할 정도랍니다. 거울 속의 모습이 아직 자기 모습이라는 것은 모르지만 신기해하며 보는 모습이 사랑스러워요. 엄마 또는 아빠와 함께 거울을 보면 엄마 얼굴과 자신의 얼굴을 구별할 수 있는 능력이 생기게 되고, 얼굴 형태를 익힐 수 있는 기회가 될 거예요. 집에 있는 다양한 거울을 가지고 놀아보세요.

놀이 전 CHECK! CHECK!

- 아이와 말놀이를 하고 싶은가요?   Yes ☐ / No ☐
- 일상에서 쉽게 하는 놀이를 해주고 싶은가요?   Yes ☐ / No ☐
- 간단한 오감놀이를 해주고 싶은가요?   Yes ☐ / No ☐

"어? 이게 누구지?"

누워서, 엎드려서, 안겨서, 앉아서 다양한 자세로 거울을 보며 자신의 모습을 볼 수 있도록 해주세요.

"거울 속에 ○○이가 있어."
"눈, 코, 입이 여기 있네?"
"만져볼까? 똑똑똑 두드려볼까?"
"거울이 미끌미끌하네?"

"우리 아가 안녕~"

아이를 안아서 보여줄 때는 엄마, 아빠와 함께 거울 가까이 갔다 멀리 갔다가 해 보면서 놀아 보아요. 거울에 비친 엄마, 아빠의 모습이 커졌다가 작아졌다가 바뀌는 모습을 보여주면 시각 자극에 도움이 돼요.

"○○이 까꿍?"
"어? 아빠도 있네?"
"아빠 눈, 코, 입을 찾아 볼까?"

| 오감자극 TIP |

- 엎드려서 거울을 보면 배와 등 근육이 발달되어 안고 기기에 도움이 돼요.
- 장난감 안전 거울이 있다면 활용하고, 실제 거울을 사용할 때에는 아이의 집중력이 떨어지면 잡고 놀다가 던질 수도 있으니 곁에서 잘 지켜봐 주세요.

생후 4~6개월

쪽쪽쪽 입에 넣어도 안심 색종이놀이

준비물 지퍼백, 비닐팩, 양면 색종이

뭐든지 입으로 들어가는 시기라 놀이를 할 때 참 난감해요. 입에 넣어도 괜찮은 재료를 찾느라 힘드시죠? 놀이에 대한 의욕이 마구 생기는데 정작 할 수 있는 건 많지 않고, 이럴 땐 지퍼백을 이용한 종이놀이가 딱이에요. 알록달록 색 놀이도 하고 종이를 먹을 염려도 없는 안심 장난감. 바스락바스락 소리도 나는 비닐이라 아이가 더 재미있어 해요.

놀이 전 CHECK! CHECK!

- 아이와 말놀이를 하고 싶은가요? Yes ☐ / No ☐
- 일상에서 쉽게 하는 놀이를 해주고 싶은가요? Yes ☐ / No ☐
- 간단한 오감놀이를 해주고 싶은가요? Yes ☐ / No ☐

"꾸깃꾸깃 만져보자"

양면 색종이를 지퍼백에 넣어서 아이에게 주고, 아이가 마음대로 놀 수 있도록 지켜봐주세요. 컬러가 다양한 색종이를 사용하여 아이의 시각을 자극해주세요.

"알록달록 예쁘다~"
"바스락바스락 소리도 들리네?"
"이건 색종이야. 만져보자."

"속이 보이는 친구를 소개합니다"

비닐팩에 색종이나 종이를 찢어서 넣고, 비닐 안에 바람을 불어 넣어 풍선처럼 만든 후 묶어주세요. 비닐에서 바스락 소리도 나고, 만지고 흔들고 던지는 과정에서 종이와 비닐이 부딪히는 소리도 들을 수 있답니다. 비닐팩 마라카스를 체험해 보세요.

"멀리 날려볼까?"
"팡팡팡~"
"흔들흔들, 종이가 움직이네?"

| 오감자극 TIP |

- 색종이를 가지고 노는 놀이는 다양한 색감의 시각적 자극으로 발달에 긍정적인 영향을 줄 수 있어요.
- 비닐팩은 지퍼백보다 얇은 재질이기 때문에 구강기 아이는 입으로 가져가 뜯어먹을 수도 있으니 엄마와 함께 있을 때만 놀이를 해주세요.
- 지퍼백에 전단지나 잘라 잡지를 넣어도 재미있어요.
- 종이의 색감과 움직이는 모습을 쉽게 볼 수 있도록 투명 비닐팩이 가장 좋아요.

생후 4~6개월

오감장난감으로 놀아요
훌라후프놀이

🧺 **준비물** 훌라후프, 여러 가지 천, 리본 끈, 장난감

아이가 처음 배밀이를 시작할 때에는 앞으로 나가는 것보다 제자리에서 빙글빙글 움직이는 걸 먼저 해요. 제자리에서 움직이는 아이에게는 훌라후프를 활용한 놀이가 딱 좋아요. 넘치는 뱃살을 빼기 위해 구입했던 훌라후프를 알록달록 예쁘게 꾸며, 아이를 위한 초간단 장난감을 만들어 볼까요?

놀이 전 CHECK! CHECK!

- 아이와 말놀이를 하고 싶은가요? Yes ☐ / No ☐
- 일상에서 쉽게 하는 놀이를 해주고 싶은가요? Yes ☐ / No ☐
- 간단한 오감놀이를 해주고 싶은가요? Yes ☐ / No ☐

"오감 만족 굿~!"

딸랑이, 리본 끈, 촉감 장난감, 손수건 및 다양한 천을 훌라후프에 둘러서 묶어주면 놀이 준비 완료! 훌라후프 가운데에 아이를 놓으면 알아서 빙글빙글 돌면서 손수건이나 장난감을 만지면서 놀 거예요.

"보들보들 우리 아가 손수건이네."
"딸랑딸랑 벌 인형 딸랑이야."
"냠냠, 치발기도 달려 있네."

"흔들흔들 리본 훌라후프 모빌"

훌라후프에 다양한 색깔의 리본을 모빌처럼 주렁주렁 길게 늘어뜨려 묶어주세요. 그런 다음 훌라후프를 잡고 아이 머리 위에서 살살~ 흔들어주세요. 지금까지 봐 왔던 모빌과는 다른 아주 큰 모빌이 완성돼요. 아이는 살랑살랑 움직이며 춤을 추는 듯한 리본 모빌을 보고 잡으려고 열심히 노력할 거예요.

이번엔 리본 훌라후프 안에 아이를 넣고 훌라후프를 위로 천천히 올려주세요. 아이는 '리본 훌라후프 집'에 들어가게 되겠지요. 훌라후프를 살살 흔들면서 아이와 놀아주세요. 작은 움직임만 있어도 아이는 정말 좋아한답니다.

"알록달록 리본이 춤을 추네?"
"리본 잡아봐라~."
"쭉쭉!! 당겨보자. 영차 영차!"
"우리 ○○ 어디 숨었나? 까꿍! 여기 있네?"

| 오감자극 TIP |

- 구강기에는 입에 넣어도 안심이 되는 재료를 선택해 훌라후프를 꾸며주세요.
- 훌라후프에 장난감을 감아서 놀기 때문에 위험하지 않으니 훌라후프의 종류는 관계없어요.
- 리본 훌라후프 안에 아이를 두고, 훌라후프를 위로 올릴 때 아이가 무서워할 수도 있어요. 그럴 때는 아이 대신 엄마가 직접 훌라후프 안에 들어가 훌라후프를 올려 '리본 훌라후프 집'을 만들어 보여주세요. 이 상태에서 까꿍놀이를 해도 좋아요.

생후 4~6개월

생애 첫 그림책놀이

🛒 **준비물** 그림책

오감놀이만큼 중요한 것이 책놀이예요. 엄마 품에 앉아 알록달록 그림이 가득한 책을 보며 엄마, 아빠의 다정한 목소리를 듣는 것만으로도 좋은 놀이가 될 수 있어요. 하루에 한 권이라도 꾸준히 보면 책 읽는 습관도 잡히고 책을 사랑하는 아이로 자랄 거예요.

놀이 전 CHECK! CHECK!

- 아이와 말놀이를 하고 싶은가요?   Yes ☐ / No ☐
- 일상에서 쉽게 하는 놀이를 해주고 싶은가요?   Yes ☐ / No ☐
- 지금 시기에 책 육아를 해도 되는지 고민하고 있으셨나요?   Yes ☐ / No ☐

"달님, 안녕?"

"달님, 안녕?"

아이를 품에 앉거나 아이와 같이 누워서 책을 보세요. 이 시기의 아이들은 집중력이 1분 내외로 매우 짧기 때문에 책 내용이 많지 않아요. 대신 화려한 색상의 그림이 주를 이룬답니다. 내용을 미리 읽어보고 실감나게 읽어 주면 아이의 집중도를 높일 수 있어요.

"동글동글 사과다"

간단한 독후 활동을 해도 좋아요. 책에 있는 그림을 보고, 실제로도 만져볼 수 있게 해주세요. 저는 '사과가 쿵'이라는 그림책을 활용했어요. 책에서 본 내용을 현실에서 만나는 것이 아이에게는 신기한 경험이 될 수 있어요.

"방금 책에서 본 사과네. 만져볼까?"
"사과가 쿵!!!"

| 오감자극 TIP |

- 책을 끝까지 다 보지 않아도 돼요. 많이 읽는 것보다 한 권이라도 재미있게 읽는 게 더 효과적이에요.
- 그림책을 읽어준다는 생각보다는 장난감이나 모빌 대신 책을 보여준다 생각하세요.
- 베갯머리 독서도 좋아요. 밤 잠자리에서 한두 권 책을 읽고 자면 수면 의식도 되고, 자연스럽게 책 읽는 습관을 들일 수 있어요.
- 책은 전집이든 단행본이든 관계없어요. 추천 도서 목록을 보고 아이에게 맞는 책을 골라 책 놀이를 해주세요.

0~24개월 추천 도서	25~36개월 추천 도서
• 하양 까망(류재수/보림)	• 두드려 보아요(글·그림 안나 클라라 티돌름/사계절)
• 바스락 바스락 아기 초점책(애플비)	• 손이 나왔네(글·그림 하야시 아키코/한림출판사)
• 미니 동물 팝업북(그림 신영선/블루래빗)	• 똥이 풍덩!(글·그림 알로나 프랑켈/비룡소)
• 열어요 시리즈(글·그림 아라이 히로유키/한림출판사)	• 배고픈 애벌레(글·그림 에릭 칼/더큰)
• 달님 안녕(글·그림 하야시 아키코/한림출판사)	• 세밀화로 그린 보리 아기그림책(글 편집부, 그림 이태수/보리)
• 사과가 쿵!(글·그림 다다히로시/보림)	• 낮잠 자는 집(글 오드리 우드, 그림 돈 우드/보림)
• 냠냠 식사 놀이(글·그림 기무라 유이치/웅진주니어)	• 무엇이 무엇이 똑같을까?(글 이미애, 그림 한병호/보림)
• 자장자장 엄마 품에(글 임동권, 그림 류재수/한림출판사)	• 나처럼 해봐요 요렇게(글 밝남희, 그림 방정화/보림)

자료 출처 : 임신 출산 육아 대백과(삼성출판사)

04 CHAPTER

생후 7~9개월
아이 주도 놀이

엄마도 아이도 많은 변화를 맞이하는 시기가 찾아왔어요. 혼자서 앉을 수 있게 되면서 자유롭게 장난감을 조작하며 놀 수 있게 돼요. 이제 본격적으로 집안 여기저기 누비고 다니며 사고를 치고 다닐 거예요. 한시도 눈을 뗄 수 없는 시기죠! 그중에 주방 사랑은 엄청나요. 왜 꼭 주방에 와서 노는지 아이에게 주방은 신세계인가봐요. 또, 분리불안이 있는 시기라 엄마 뒤꽁무니만 하루 종일 졸졸졸 따라다니고 없어지면 울면서 찾아대는 덕분에 화장실에 갈 때도 문 열고 볼일을 봐야 될 수도… 육아는 정말 퇴근 없는 직장인 거 같아요.

★ ★ ★ 생후 7~9개월 아이는요 ★ ★ ★

- 손 조작이 매우 빠른 속도로 발달하는 시기로, 잡고 끌고 때리고 긁는 놀이를 해요.
- 8개월이 되면 팔다리의 힘이 세져서 무릎으로 기어 다닐 수 있어요.
- 물체를 한 손에서 다른 손으로 옮길 수 있어요.
- 앉혀 놓으면 장난감을 손에 쥐고 혼자 서도 잘 놀아요.
- 기거나 지지대를 잡고 설 수도 있어요.
- 양손에 장난감을 하나씩 잡고 동시에 흔들 수 있어요.
- 혼자서 앉을 수 있어요.

신체 발달

하체까지 운동 신경이 발달하면서 아이의 행동반경이 넓어져요. 엉덩이와 다리의 근육을 스스로 조절할 수 있어 안거나 기기 등 자신의 몸을 이동할 수 있어 아이에게 눈을 뗄 수 없는 시기예요. 배밀이를 하지 않고 바로 소파를 잡고 일어서는 것을 즐기는 아이도 있어요. 이런 아이에게 굳이 기기를 강요할 필요는 없어요.

인지&언어 발달

- "맘마"나 "엄마", "아빠" 같은 말을 할 수 있어요.
- 말귀를 알아듣기 시작해 자신의 이름을 불러주면 좋아해요.
- 눈에 익은 사물과 그것을 지칭하는 단어를 알고 있어 이름을 들으면 그것을 쳐다봐요.
- 소리 나는 곳으로 머리를 돌려서 집중해요.
- "안 돼"와 "바이바이"의 의미를 이해해요. "안 돼"라고 말하면 하던 행동을 멈출 수 있어요.

사회성 발달

- 간단한 동작이나 소리를 흉내 낼 수 있어요.
- 되풀이 되는 자극에 반응하며 기대감을 나타내요.
- 낯가림이 절정에 이르러 낯선 사람을 보기만 해도 울거나 엄마에게 매달려요.
- 야단을 치면 우는 등 어른이 화를 내는 것에 반응해요.
- 장난감을 가지고 놀다가 생각대로 되지 않으면 짜증을 내기도 해요.

생후 7~9개월 이렇게 놀아주세요

- 바닥에 손을 지탱하지 않고 앉기 시작하면서 두 손이 자유로워져 소근육 발달이 일어나는 시기이므로 여러 가지 물건과 재료를 조작하고 탐색하는 놀이를 많이 해주세요.
- 잡기, 끌기, 때리기, 긁기, 던지기, 찌르기 같은 놀이를 좋아해요.
- 신체 접촉이 많은 놀이를 매우 좋아하며, 몸동작을 동반한 노래를 무척 재미있어 해요. 신체 접촉은 애착 형성에도 도움이 되니 다양한 놀이를 해주세요.
- 까꿍놀이처럼 주고받기 놀이를 좋아해요. 상호작용 놀이를 시작해 보세요.
- 집중할 수 있는 시간이 짧으면 15초, 길면 1~5분 정도에 불과해 다양한 놀이 재료가 필요해요.

책 속 추천 놀이
- 쉐킷쉐킷~! 곡물 마라카스를 흔들어 봐요_ P.82
- 보들보들, 두부놀이_ P.86
- 있다! 없다! 까꿍놀이_ P.98

생후 7~9개월 이렇게 대화하세요

- 무리하게 엄마 말에 집중시키려 하지 마세요. 아이와 눈높이를 맞추며 이야기해주세요.
- 아이가 표정이나 행동으로 표현하고자 하는 것을 엄마와 아빠가 말로써 대신 표현해주세요.
- 8개월 무렵이면 아이가 물건을 손에서 놓을 수 있게 되어 반복해서 떨어뜨리는 행동을 해요. 이때 위험한 물건이 아니면 "앗, 떨어졌네!"하고 반응해주시면서 같이 놀아보세요.
- 의태어, 의성어 등의 놀이 소리를 듬뿍 사용하며 말해주세요. "부릉부릉", "아이쿠" 등의 단어를 자주 사용해주세요.
- '이것, 저것'과 같은 대명사가 아닌 사물의 명칭을 나타내는 명사로 정확하게 말해주세요.
- 짧은 문장으로 반복해서 말해주세요. 예 "자, 신발." "○○의 신발이네." "신발 신고 나가자."

생후 7~9개월. **전문가 조언**

안정된 애착 형성에
도움이 되는 대상영속성!

대상영속성이란 사물이나 대상이 자신의 눈앞에 보이지 않더라도 계속 존재하고 있다고 인식하는 것으로, 영아기에 중요한 발달 과정 중 하나인데요. 이 시기의 아이는 주 양육자와의 분리불안이 고조되는 시기예요. 이때 대상영속성이 확립되어 있으면 주 양육자가 자신의 눈앞에 없어도 시간이 지난 후 자신에게 올 것이라는 것을 인지함으로써 심리적 안정감을 줄 수 있어요.

또한 대상영속성이 올바르게 형성되면 주 양육자와의 안정된 애착 형성으로 심리적 안정감을 얻어 능동적으로 탐색과 학습을 하는 아이로 자랄 수 있고, 더 나아가 인지·언어 발달에

피아제(Piaget)의 인지 발달 이론 중 대상영속성 발달 단계

0~1개월
반사운동기

대상영속성의 개념이 전혀 없어요. 특정 대상, 사물이 시야에서 사라지면 더 이상 관심이 없어져 다른 행동을 해요. 예) 엄마의 얼굴이 보이면 응시하지만, 보이지 않으면 응시하는 것을 중단하고 다른 활동을 해요.

1~4개월
1차 순환 반응기

대상영속성의 개념이 아주 약하게 나타나며 대상이 시야에서 사라진 곳을 잠시 동안 바라보지만, 능동적으로 찾으려고 하지 않아요. 예) 장난감을 가지고 놀다가 떨어뜨리면 떨어진 곳을 보는 게 아니라 자신의 손을 잠시 보고 다른 활동을 해요.

4~10개월
2차 순환 반응기

대상영속성의 개념이 형성되기 시작하면서 주변의 물체가 보이지 않아도 어딘가에 존재한다는 사실을 조금씩 이해하게 되어 능동적으로 찾는 행동이 나타나요. 예) 장난감을 가지고 놀다가 떨어뜨리면 떨어진 위치를 예측해서 찾으려 하고 부분적으로 가려진 물체에 대해 손을 뻗을 수 있어요. 또, 장난감을 갖고 놀다가 잠시 다른 상황에 주의를 기울였다가 다시 장난감을 갖고 놀 수 있어요.

도 많은 도움을 줄 수 있어요.
따라서 까꿍놀이를 비롯한 여러 가지 놀이를 통해서 대상영속성을 확립시킬 수 있는 놀이를 꾸준하게 해주는 것이 좋아요.

> **대상영속성 발달을 위한 추천 놀이**
> 있다! 없다! 까꿍놀이, 손으로 얼굴 숨기기, 천 아래 장난감 숨기기, 뒤집어 놓은 종이컵 안에 간식 찾기, 등 뒤로 물건 숨겼다 발견하기, 아이가 물건 숨기고 찾기 해 보기, 숨바꼭질 등

이런 대상영속성은 몇 개월에 걸쳐서 지속적으로 확립되는데요. 스위스의 아동심리학자 피아제는 인지 발달 이론에서 대상영속성의 발달 단계를 다음과 같이 정리하고 있습니다. 간단하게라도 알아두면 아이를 이해하는 데 도움이 될 거예요.

10~12개월
2차 순환 반응 협응기
사물을 적극적으로 찾으려 노력하고 사라진 자리에서는 즉시 찾아낼 수 있어요. 이 시기는 일종의 습관으로 물건을 찾는 시기예요. 예 눈앞에서 물건을 보자기로 가렸을 때 보자기를 들추며 찾아낼 수 있어요.

12~18개월
3차 순환 반응기
눈으로 볼 수 있을 때 물건이 숨겨지는 위치가 여러 장소로 바뀌더라도 마지막으로 물건을 본 장소에서 숨겨진 물체를 찾을 수 있어요. 예 장난감을 베개 밑에 숨긴 뒤 이불 밑에 숨기면 마지막에 숨긴 이불 밑을 찾아요.

18~24개월
정신적표상 시기
대상영속성의 개념이 완전히 발달해서 눈앞에 없는 사물이나 사물의 상에 대해 이해해요. 모든 사물들은 자신과 분리되어 있으며 영속적으로 존재한다는 것을 이해하게 되며 나아가 자신이 독립된 개체로서 수많은 대상물 중에 하나임을 깨닫게 돼요. 예 주 양육자가 지금 눈에 보이지 않아도 부르면 언제든지 나타난다는 믿음이 생겨요.

생후 7~9개월

어? 재미있는 소리가 나네?

🧸 맘마통도 내 장난감!

🧺 **준비물** 분유통, 콩 또는 작은 구슬

요즘 분유 수유하는 분들 많으시죠? 모유 수유가 좋은 것은 알지만 완모는 쉬운 일이 아니에요. 모유 수유에 탁월한 축복받은 몸이 아닌 이상 모유 수유가 쉽지는 않죠. 완모가 아니면 어때요? 우리 아이가 무럭무럭 잘 자라면 그걸로 됐죠. 오늘은 다 쓴 분유통으로 즐겁게 놀아 볼게요.

놀이 전 CHECK! CHECK!

- 아이와 말놀이를 하고 싶은가요? Yes ☐ / No ☐
- 일상에서 쉽게 하는 놀이를 해주고 싶은가요? Yes ☐ / No ☐
- 간단한 오감놀이를 해주고 싶은가요? Yes ☐ / No ☐
- 아이의 신체 발달에 도움을 주는 놀이를 해주고 싶은가요? Yes ☐ / No ☐

"맘마통으로 놀아요"

빈 분유통을 깨끗이 닦고 통 안에 콩이나 구슬 등을 넣어 뚜껑을 닫은 후 내용물이 나오지 않게 테이프나 글루건 등으로 밀봉하면 끝! 아이가 분유통을 입으로 빨까 봐 걱정된다면 펠트지나 천, 종이를 붙여서 마무리해도 좋아요. 이제 아이와 같이 앉아서 분유통을 만져보세요. 분유통을 쳐보고 흔들어보며 소리를 들어보고, 막대기로 두드려 보며, 다양한 소리를 들어 볼 수 있도록 해 주세요.

"쳐볼까? 통통통~탕탕탕~"
"찰랑찰랑, 무슨 소리가 나네?"

"데굴데굴 굴러가네?"

아이 옆에 분유통을 눕혀주세요. 아이가 이리저리 가지고 놀면 분유통이 알아서 굴러가요. 아이가 마주보며 굴러가는 분유통을 보고 따라 갈 수도 있어요. 분유통이 데굴데굴 굴러가는 소리를 들으며 대화해 보세요.

"우리 아이 쪽으로 굴러가요. 떼구르르"
"엄마한테 굴려 보세요~"

| 오감자극 TIP |
- 각각 분유통에 서로 다른 물건이나 곡식을 넣고, 하나씩 흔들어 소리를 들려주세요. 소리를 구별해 볼 수 있는 시간이 될 거예요.
- 분유통을 알록달록 예쁘게 꾸며주면 다양한 색깔에 더욱 흥미로워 할 거예요.

탕탕탕!!! 냄비드럼 연주가

준비물 냄비, 통, 숟가락 또는 뒤집개

아이가 집안 살림살이 다 꺼내놓고 서랍 안에 들어가 있는 모습을 본 경험, 다들 한 번쯤은 있으시죠? 주방에 있는 게 모두 자기 놀잇감으로 보이나봅니다. 눈 깜짝할 사이에 뒤지니 당해낼 재간이 없어요. 어느 날은 다 포기하고 깨지지 않는 냄비나 통을 꺼내서 실컷 놀아봐라 하고 펼쳐주었더니 세상 신나게 두들기고 놀더라고요.

놀이 전 CHECK! CHECK!

- 아이와 말놀이를 하고 싶은가요? Yes ☐ / No ☐
- 일상에서 쉽게 하는 놀이를 해주고 싶은가요? Yes ☐ / No ☐
- 간단한 오감놀이를 해주고 싶은가요? Yes ☐ / No ☐
- 아이의 신체 발달에 도움을 주는 놀이를 해주고 싶은가요? Yes ☐ / No ☐

"나는야, 냄비 전문가~"

스테인리스, 플라스틱으로 된 냄비나 통을 꺼내 놓고, 크기와 모양이 다양한 주방 살림을 보고 만져볼 수 있도록 해주세요. 이 놀이를 통해 크기와 깊이, 모양의 개념을 자연스럽게 익히게 돼요.

모양이 동글동글하다.

"냄비는 동글동글하네."
"어? 우리 ○○ 얼굴도 보이네?"

"쿵짝꿍짝, 음악회가 열렸어요"

엄마가 "냄비를 쳐보자"라고 말하지 않아도 아이는 통끼리 부딪히기도 하고 숟가락을 잡고 두드려도 볼 거예요. 스스로 놀이를 만든 거예요. 아이 스스로 놀이를 하며 논다면 엄마는 지켜만 보아도 좋아요. 아이만의 세계에 빠져 있게 해주세요. 같이 노래를 부르면서 두드리면 더욱 신나요.

"통통통, 챙챙챙, 탕탕탕 신기한 소리가 난다."
"우리 숟가락으로도 쳐볼까?"
"큰 북을 울려라! 둥둥둥~
 작은 북을 울려라! 동동동~"

"뚜껑아, 열려라~ 얍!"

닫혀 있는 냄비 뚜껑을 여는 놀이도 눈과 손의 협응력을 발달시키는 데 도움이 돼요. 커다란 냄비 안에 아이가 좋아하는 물건(장난감)을 넣어두고 엄마가 뚜껑을 닫으면 아이가 여는 놀이를 해 보세요. 냄비 뚜껑의 손잡이를 큰 것으로 준비하면 더 쉽게 놀이를 할 수 있어요. 뚜껑을 들기 힘들어하면 작은 천으로 냄비를 덮어 치울 수 있도록 해도 돼요.

"이 안에 뭐가 들어 있을까?"
"뚜껑을 열어 볼까?"
"까꿍! 장난감이 들어 있었네?"

| 오감자극 TIP |

- 아이가 놀다가 던질 수도 있으니 깨지거나 부서지기 쉬운 도구는 꺼내지 마세요.
- 두드리고 놀다가 입으로 들어가기도 하니 미리 깨끗하게 닦아서 준비해주세요.

쉐킷쉐킷~! 곡물 마라카스를 흔들어 봐요

준비물 작은 플라스틱 생수병, 콩, 쌀, 리본 끈

빈 플라스틱 생수병으로 마라카스를 만들어 볼까요? 생수병은 던져도 깨지지 않아서 좋아요. 저희 아들도 만들어 주고 나서 꽤 오래 갖고 놀았던 장난감이었어요. 곡물 놀이를 해주고 싶은데 입에 넣을 것 같아 불안하시다면 지금부터 알려드리는 곡물 마라카스를 만들어 흔들어 보세요. 마라카스는 다양한 소리를 들을 수 있어 청각 발달에 도움이 돼요.

놀이 전 CHECK! CHECK!

- 아이와 말놀이를 하고 싶은가요? Yes ☐ / No ☐
- 일상에서 쉽게 하는 놀이를 해주고 싶은가요? Yes ☐ / No ☐
- 간단한 청각 발달 놀이를 해주고 싶은가요? Yes ☐ / No ☐
- 아이의 신체 발달에 도움을 주는 놀이를 해주고 싶은가요? Yes ☐ / No ☐

"훌륭한 연주자가 될 거예요"

아이가 들어도 부담스럽지 않은 작은 크기의 플라스틱 생수병을 준비해 주세요. 병 안팎을 깨끗하게 씻어 말린 후 콩이나 쌀 등 집에 있는 곡물을 넣어서 뚜껑을 꽉 닫아주면 끝! 좀 더 알록달록하게 만들고 싶다면 생수병 입구 쪽에 색색의 리본 끈을 매 주어도 좋아요. 이제 노래를 부르며 신나게 흔들어 보세요.

"쉐킷쉐킷 신나게 흔들어보자!"
"흔들면 재미있는 소리가 나네."
"칙칙칙~~ 찰랑찰랑~~ 콩콩콩~"

"이리 떼굴, 저리 떼굴, 엄마와 놀아요"

곡물이 들어 있는 생수병을 아이가 굴려보기도 하고, 엄마가 아이 쪽으로 굴려주면서 놀이를 해 보세요.

"우리 아가 쪽으로 굴러가요. 떼구르르~"
"다시 엄마한테 굴려볼까?"

| 오감자극 TIP |

- 한 생수병에는 한 가지 종류의 곡물만 넣어주세요. 그래야 각각의 곡물 소리를 들을 수 있어요.
- 생수병이 없으면 지퍼백을 활용해도 좋아요. 지퍼백은 손으로 곡물의 촉감을 느낄 수 있어 오감 발달에 도움이 돼요.

 활용놀이

여러 가지 센서리 보틀(Sensory bottle)을 만들어서 데굴데굴 굴려 보세요. 페트병에 가벼운 물건(반짝이, 방울솜, 고무줄 머리끈, 야광봉 등 여러 가지 재료)을 넣은 후 물이나 글리세린을 채우거나 아무것도 채우지 않은 상태에서 밀봉해도 돼요. 잡고 흔들거나 데굴데굴 굴리며 따라다니는 것도 좋은 놀이가 될 수 있어요.

생후 7~9개월

팡팡! 대롱대롱
풍선놀이

🧺 **준비물** 풍선, 리본 끈

살짝만 쳐도 흔들흔들 춤을 추는 풍선은 아이의 신체 발달에 좋은 역할을 하는 도구예요. 실내에서 가볍게 할 수 있는 풍선 놀이를 통해 엄마도 모르는 새에 부쩍 자란 아이의 강 스파이크를 볼 수 있는 시간을 가져볼게요. 이 놀이는 아이의 운동신경을 자극할 수 있고, 에너지 발산에도 도움이 됩니다.

놀이 전 CHECK! CHECK!

- 아이와 말놀이를 하고 싶은가요?   Yes ☐ / No ☐
- 일상에서 쉽게 하는 놀이를 해주고 싶은가요?   Yes ☐ / No ☐
- 아이의 신체 발달에 도움을 주는 놀이를 해주고 싶은가요?   Yes ☐ / No ☐

"잡힐 듯 잡히지 않는 너!"

천장이나 문틀 위 등에 리본 끈을 길게 붙이고, 풍선을 매달아주세요. 아이가 앉거나 엎드려서 풍선을 칠 수 있도록 길이를 조절해 다양한 눈높이에서 놀 수 있게 해주세요.

"어? 툭! 건드리니 흔들흔들."

| 오감자극 TIP |

- 풍선은 입에 들어가기 쉽고, 긴 줄이나 리본 끈은 자칫 사고가 날 수 있는 재료이니 절대 아이 혼자 놀게 두지 마세요. 엄마, 아빠가 곁에서 지켜볼 수 있을 때만 하고 놀이가 끝난 후에는 모두 떼어내 주세요.
- 풍선이 없다면 비닐봉투에 바람을 넣은 후 입구를 묶어 달면 돼요.
- 풍선은 가벼워 살짝만 쳐도 큰 움직임을 보이기 때문에 아이의 관찰력과 집중력을 향상시키는 데 도움이 되는 재료예요.
- 풍선이 터져 아이가 깜짝 놀라지 않도록 작게 불어서 묶어주고, 표면이 더러울 수 있으니 물티슈로 한 번 닦아서 주는 것이 좋아요.

생후 7~9개월

엄마, 놀이가 맛있어요

🧸 보들보들, 두부놀이

🧺 **준비물** 두부, 짤 주머니 또는 지퍼백

중기 이유식 시기! 오물오물 조그만 입으로 받아 먹는 모습을 보면 너무 예쁘죠. 그러다 가끔 음식을 가지고 저지레하거나 온몸에 바르는 걸 보면 속에서 천불이 나기도 해요. 하지 말란다고 안 할 것은 아니니 먹거리를 가지고 실컷 놀 수 있는 시간을 만들어주세요. 우리 아이가 먹는 이유식 재료를 이용하여 탐색의 시간을 가지면 자연스럽게 오감놀이가 된답니다.

놀이 전 CHECK! CHECK!

- 아이와 말놀이를 하고 싶은가요? Yes ☐ / No ☐
- 촉감놀이를 해주고 싶은가요? Yes ☐ / No ☐
- 두부에 알레르기 반응이 있나요? Yes ☐ / No ☐
- 아이가 만지고 느끼는 오감놀이를 좋아하나요? Yes ☐ / No ☐
- 아이가 몸에 무언가 묻는 것을 좋아하나요? Yes ☐ / No ☐
- 아이가 마음껏 놀이를 할 수 있는 영역이 확보되어 있나요? Yes ☐ / No ☐

"오늘은 내가 우리 집 요리사!"

두부를 끓는 물에 데친 후 충분히 식혀 아이에게 주세요. 아이가 네모난 두부를 손가락으로 콕콕 찍어보기도 하고 주무르기도 할 거예요. 바르고, 문지르고 알아서 척척척! 아이가 더 즐겁게 놀 수 있도록 호응해주고 칭찬해주세요. 이유식에도 사용하는 식재료이니 아이가 먹어 볼 수 있도록 해주셔도 좋아요.

"두부야. 우리 ○○가 맛있게 먹은 맘마. 두부."
"우리 만져보자. 폭신폭신"
"두부를 콕콕! 찌르면 구멍이 뚫리네? 콕콕콕!"
"오물오물, 냠냠, 맛있다. 그렇지?"

"두부가 나와요. 쭉쭉쭉"

지퍼백처럼 튼튼한 비닐에 부숴 놓은 두부를 넣고 모서리 부분을 가위로 잘라 짤주머니처럼 만들어 보세요. 지퍼백을 만져볼 수 있게 하고, 꾹꾹 눌러 자른 구멍으로 두부가 나오는 것을 보여주세요.

"비닐에 넣었더니 물컹물컹해졌네."
"우리 같이 짜볼까? 쭈~욱"

| 오감자극 TIP |

- 놀이 재료는 알레르기 반응이 있을 수 있으니, 이유식을 통해 아이가 먹어본 재료를 사용하는 것이 좋아요.
- 중기 이유식 시기라 하더라도 큰 알갱이는 먹지 못하므로 부드러운 재료를 선택하고, 큰 덩어리가 입에 들어가지 않게 잘 지켜봐 주세요.
- 비트, 시금치, 당근과 같이 색이 진한 채소의 즙을 약간 넣어 섞어주면 두부의 색이 알록달록하게 변해 아이의 시각을 자극할 수 있어요.

미끌미끌, 미역놀이

 준비물 마른 미역, 불린 미역

오감놀이는 가벼운 마음으로 시작하지만 놀이의 끝은 참담한 현장이 되죠? 하지만 즐거워하는 아이의 모습을 보면 자주 해줄 수밖에 없는 놀이가 바로 오감놀이예요. 미역은 미끌미끌한 촉감 덕분에 좋은 놀이 재료가 될 수 있어요. 여기서 꿀팁 하나! 미역놀이를 하기에 최적의 장소는 아이 욕조 안입니다.

놀이 전 CHECK! CHECK!

- 아이와 말놀이를 하고 싶은가요?   Yes ☐ / No ☐
- 촉감놀이를 해주고 싶은가요?   Yes ☐ / No ☐
- 미역에 알레르기 반응이 있나요?   Yes ☐ / No ☐
- 아이가 만지고 느끼는 오감놀이를 좋아하나요?   Yes ☐ / No ☐
- 아이가 몸에 무언가 묻는 것을 좋아하나요?   Yes ☐ / No ☐
- 아이가 마음껏 놀이를 할 수 있는 영역이 확보되어 있나요?   Yes ☐ / No ☐

"뾰족뾰족 나라로 떠나요"

먼저 마른 미역을 탐색하는 시간을 가져보세요. 마른 미역의 까칠까칠한 촉감을 느낄 수 있도록 해주세요. 마른 미역 탐색이 끝나면 따뜻한 물에 마른 미역을 담가주세요. 물에 담긴 미역은 물이 흔들릴 때마다 이리저리 움직여요. 미리 불려놓은 미역을 사용해도 좋아요. 물에 불린 미역도 만져볼 수 있도록 해주세요. 마른 미역과 불린 미역의 촉감 차이를 느껴볼 수 있어요.

"이 미역은 딱딱하네."
"풍당풍당 물에 넣어 볼까?"
"흔들흔들~", "첨벙첨벙", "미역이 움직이네?"
"물속에 들어가니 미역이 미끌미끌해졌어."

"여기저기 착착 붙어요!"

이번엔 불린 미역을 건져 온몸으로 놀아보는 시간을 가져보세요. 만지고 던지고 입에 넣고 시간가는 줄 모를 거예요. 미역으로 스티커 놀이를 해도 좋아요. 엄마 몸, 아이 몸에 미역 조각을 붙이고 다시 떼어보는 놀이를 해 보세요.

"엄마, 팔에도 미역이 착! 붙었다."
"어? ○○이 팔에 미역이 붙었네."

| 오감자극 TIP |

- 마른 미역은 아이가 다치지 않도록 모서리가 뾰족하지 않게 잘라서 사용해주세요.
- 미역을 충분히 불린 후 끓는 물에 데쳐 사용하면 아이가 입에 넣어도 안심하고 놀이를 할 수 있어요.
- 욕조에서 놀이를 할 때는 하수구가 막히지 않도록 미역을 건져낸 후 물을 버려주세요.
- 놀이 후 사용한 미역은 냉장실이나 냉동실에 넣어 두었다가 다시 씻어서 요리해도 좋아요.

활용놀이 미역을 활용할 수 있는 놀이는 정말 많아요. '욕조나 거울에 붙이고 떼기(18개월 이후), 종이에 얼굴을 그린 후 미역으로 머리카락과 수염 만들기(25개월 이상), 종이에 조개껍데기와 미역으로 바다 속 꾸며보기(25개월 이상)' 등 개월 수에 맞춰 다양한 놀이를 해주세요.

달콤달콤 바나나가 궁금해

 준비물 바나나

바나나는 부드럽고 달콤해서 아이들이 참 좋아하는 과일 중 하나예요. 손으로 만져도 쉽게 으깨져 오감놀이의 재료로도 딱이랍니다. 방안 가득 달콤한 바나나 향기가 솔솔~~ 간식도 먹고 미끌미끌 바나나도 만져보고 정말 즐거운 시간이 될 거예요.

놀이 전 CHECK! CHECK!

- 아이와 말놀이를 하고 싶은가요?   Yes ☐ / No ☐
- 촉감놀이를 해주고 싶은가요?   Yes ☐ / No ☐
- 바나나에 알레르기 반응이 있나요?   Yes ☐ / No ☐
- 아이가 만지고 느끼는 오감놀이를 좋아하나요?   Yes ☐ / No ☐
- 아이가 몸에 무언가 묻는 것을 좋아하나요?   Yes ☐ / No ☐
- 아이가 마음껏 놀이를 할 수 있는 영역이 확보되어 있나요?   Yes ☐ / No ☐

"원숭이가 제일 좋아하는 거래요"

바나나 껍질의 위쪽을 조금만 뜯고 나머지 부분은 아이가 잡고 벗길 수 있도록 해주세요. 바나나 껍질을 벗기는 과정을 통해 손가락 힘을 기를 수 있고, 성취감을 얻을 수 있답니다.

"노랗고 길쭉길쭉한 바나나야."
"껍질을 쓱쓱 벗겨보자."

"미끌미끌, 달콤달콤"

껍질이 벗겨진 바나나를 아이가 만져볼 수 있도록 해주세요. 아이의 탐색이 끝나면 아이와 함께 바나나를 손으로 으깨주세요. 이 과정을 통해 아이는 바나나의 감촉을 직접 느껴볼 수 있어요. 손에 묻은 바나나는 입에 넣어도 안심이겠죠?

"미끌미끌하다."
"조물조물 꾹꾹. 부서졌네?"
"냠냠, 바나나를 먹어 볼까?"

| 오감자극 TIP |

- 바나나를 아직 잘 베어 물지 못할 수도 있어요. 먹을 때는 으깨서 덩어리 굵기를 조절해주세요.
- 바나나 특유의 찐득하고 미끌거리는 것을 싫어하는 아이는 지퍼백에 넣어서 엄마랑 덩어리를 부숴보고 지퍼백 채로 만져보며 촉감을 느껴볼 수 있도록 해주세요.

입에 넣어도 안심, 분유놀이

 준비물 분유

손에 잡히는 것은 무조건 입으로 들어가는 시기이기 때문에 밀가루나 전분가루보다는 분유가루를 사용하는 것이 좋아요. 분유가루는 가루만의 부슬부슬한 촉감도 느낄 수 있고, 입에 들어가도 걱정이 없는 재료예요. 많은 양을 사용하지 않아도 좋아요. 분유 너무 비싸잖아요.(ㅠㅠ) 만져볼 수 있는 기회를 준다 생각하고 조금만 줘 볼까요?

놀이 전 CHECK! CHECK!

- 아이와 말놀이를 하고 싶은가요?   Yes ☐ / No ☐
- 촉감놀이를 해주고 싶은가요?   Yes ☐ / No ☐
- 아이가 만지고 느끼는 오감놀이를 좋아하나요?   Yes ☐ / No ☐
- 아이가 몸에 무언가 묻는 것을 좋아하나요?   Yes ☐ / No ☐
- 아이가 마음껏 놀이를 할 수 있는 영역이 확보되어 있나요?   Yes ☐ / No ☐

"먹어도 괜찮데요"

작은 볼 안에 스틱 분유 한두 개 정도의 적은 양의 분유를 담아주어 만져보고 맛볼 수 있는 시간을 주세요. 너무 많은 양을 주면 찐득거려서 아이가 싫어할 수도 있어요.

"우리 ○○ 맘마 가루야."
"부슬부슬~ 보들보들~"

"물속으로 사라졌어요"

분유가 들어 있는 볼 안에 따뜻한 물을 부어 주세요. 따뜻한 물에 분유가 녹아 뽀얗게 변할 거예요. 아이들은 이런 뽀얀 물을 좋아해요. 첨벙거리며 신나게 놀 거예요. 찐득거리는 촉감을 싫어하는 아이라면 물을 좀 더 많이 넣어 묽게 해주세요.

"졸졸졸. 물을 넣어보자."
"어? 가루가 어디 갔지?"
"첨벙첨벙. 아이 잘하네."

| 오감자극 TIP |

- 굳이 물놀이까지 하지 않아도 되고, 가루만 만져보아도 충분히 오감놀이가 될 수 있어요.
- 모유 수유 중이기 때문에 분유가 없다면 마트나 인터넷을 통해 샘플을 신청해 미리 받아두셔도 좋아요.

생후 7~9개월

엉금엉금 **쿠션산**을 올라가 볼까?

🧺 **준비물** 베개나 쿠션

이 시기의 아이는 앉기, 기기, 잡고 서기까지 눈 깜짝할 사이에 매일매일 달라져요. 지치지도 않고 여기저기 누비고 다니죠. 잡고 일어서다 뒤로 '쿵'하지는 않을지, 여기저기 기어 다니며 부딪히지는 않을지, 온갖 신경이 아이에게만 향해 있는 시기죠. 매일매일 데리고 외출할 수는 없으니 신체 활동을 통해 아이의 에너지를 표출해줄 수 있는 놀이를 해 볼까요?

놀이 전 CHECK! CHECK!

- 아이와 말놀이를 하고 싶은가요? Yes ☐ / No ☐
- 일상에서 쉽게 하는 놀이를 해주고 싶은가요? Yes ☐ / No ☐
- 아이의 신체 발달에 도움을 주는 놀이를 해주고 싶은가요? Yes ☐ / No ☐

"영차영차, 등산 중이에요"

베개나 조금 큰 쿠션 3~4개를 이용하여 낮은 산을 만들어 보세요. 꼭대기에 아이가 좋아하는 물건이나 장난감을 놓아두면 동기부여가 되어 쿠션산을 열심히 오를 거예요. 아이의 행동에 잘 어울리는 노래를 불러주면 더 신나 하겠죠?

"푹신푹신 베개산이네."

"○○가 좋아하는 오리 인형이다. 영차영차 잡으러 가자."

"정글 숲을 지나서 가자, 엉금엉금 기어서 가자~"

| 오감자극 TIP |

- 쿠션과 베개는 되도록 너무 동그란 것이 아닌 평평한 것을 사용해주세요. 그래야 쿠션산이 무너지지 않고 아이도 안전하게 올라갈 수 있어요.
- 아이가 혼자서 오르기 힘들어 하면 엉덩이를 살짝 받쳐 보다 쉽게 오를 수 있도록 도와주세요. 운동도 중요하지만 놀이를 통해 성취감을 얻는 것이 더 중요해요.
- 쿠션산을 오르다가 넘어질 수 있으니 주변에 위험한 물건들은 미리 치우고, 안전한 매트 위에서 놀이를 해주세요.

생후 7~9개월

술술 빼면 스트레스 안녕!

준비물 생블루베리통, 리본 끈

손을 뻗어 엄마의 머리카락을 잡아당기거나 안경을 잡아채는 행동 많이 하죠? 손에 잡히는 것들을 힘주어 당기는 이런 행동은 자연스러운 발달 과정 중 하나지만 곤란할 때가 많아요. 이를 놀이로 만들어 주면 엄마도 아이도 스트레스 받지 않고 신나게 놀 수 있어요. 또, 혼자 장난감을 가지고 노는 것에 흥미를 보이는 시기이므로 스스로 문제를 해결해 본다면 놀이에 대한 자신감도 생길 거예요.

놀이 전 CHECK! CHECK!

- 아이와 말놀이를 하고 싶은가요? Yes ☐ / No ☐
- 일상에서 쉽게 하는 놀이를 해주고 싶은가요? Yes ☐ / No ☐
- 아이의 신체 발달에 도움을 주는 놀이를 해주고 싶은가요? Yes ☐ / No ☐

"엄마, 계속 나와요"

생블루베리통 안에 2~3개의 리본 끈을 통째로 넣고 리본 끈 끝을 블루베리통에 나 있는 틈으로 조금 빼주면 끝! 리본 끈을 각각 다른 느낌의 재질로 준비하면 촉감놀이도 함께 할 수 있어서 좋아요. 이때 리본 끈의 양 끝은 매듭을 지어 묶어 주세요. 그래야만 아이가 매듭을 잡고 쉽게 뺄 수 있고, 통에서 리본 끈이 빠지지 않아요.

"부들부들 부드럽다. 잡아당겨 볼까?"
"느낌이 거칠거칠하네. 이건 미끌미끌하다."
"쭉쭉쭉~ 계속 나오네. 너무 잘한다."
"다 나왔네. 흔들어 볼까?"
"리본이 춤을 추고 있어."

| 오감자극 TIP |

- 아이가 리본 끈을 빼기 힘들어하면 엄마가 블루베리 통을 대신 잡아주고 아이가 리본 끝을 잡기만 해도 끈이 풀려 나오도록 해주세요.
- 블루베리통이 없다면 작은 상자에 구멍을 뚫어 사용해도 되고, 작은 주머니에 넣고 입구를 조여서 리본 끈만 조금 빼 놓아도 재미있는 놀이가 될 수 있어요.

활용놀이

아이들은 무언가를 잡아당겨 빼는 놀이 정말 재미있어 해요. 특히 물티슈나 각티슈의 휴지를 잡아당겨 빼는 놀이를 좋아하는데요. 이런 아이를 위해 다 쓴 각티슈통에 손수건을 휴지처럼 넣어서 빼낼 수 있는 놀이를 해도 좋아요.

생후 7~9개월

있다! 없다! 까꿍놀이

🧺 **준비물** 장난감, 손수건 및 천

전문가 조언에서 말했던 것처럼 대상영속성 놀이는 아이의 발달과 안정된 애착 형성을 할 수 있도록 도와준답니다. 대상영속성 놀이의 대표주자는 바로 '있다! 없다! 까꿍놀이!' 이름만 들어도 아시겠죠? 대대손손 전해오는 전통놀이가 아이에게 너무 좋은 놀이라는 사실. 준비물도 놀이 고민도 필요 없는 초간단 놀이로 우리 아이의 함박웃음을 보게 될 거예요.

놀이 전 CHECK! CHECK!

- 아이와 말놀이를 하고 싶은가요?   Yes ☐ / No ☐
- 일상에서 쉽게 하는 놀이를 해주고 싶은가요?   Yes ☐ / No ☐
- 상호작용 놀이로 애착 형성에 도움을 주고 싶은가요?   Yes ☐ / No ☐

"엄마가 사라졌어요"

손으로 얼굴을 가리고 있다 다시 보여주면서 "까꿍"이라고 말해 보세요. 소리의 높낮이를 조절하고, 변화를 주면서 지루하지 않게 해주는 것이 포인트예요. "까꿍" 소리를 내기 전에 약간의 텀을 두어 상호작용 놀이에 조금씩 변화를 주면 좋아요. 아이는 두근두근 언제 얼굴이 나올까, 언제 까꿍 소리가 나올까 기대하고 있답니다. 실감나게 해주셔야 한다는 것 잊지마세요.

"엄마 어딨게! 까꿍!"
"엄마 어딨지?… 까꿍!"

"보물을 찾아주세요!"

눈앞에서 사라지는 물건을 찾기 시작하는 시기예요. 이때 엄마의 리액션이 굉장히 중요해요. 손수건으로 물건을 살짝 가리고 실감나는 연기로 물건을 찾아달라고 말해 보세요. 그리고 아이가 물건을 찾으면 과하게 환호해 주세요.

"수리수리 마수리, 오리 인형이 없어진다. 얍!"
"어딨지? 어디 갔지? 찾아주세요."
"우아~ 찾았다. 대단한데? 최고!"

| 오감자극 TIP |

- 아이의 반응이 오늘 다르고 내일 다를 수 있어요. 반응이 시큰둥하다고 상처받지 말고, 리액션을 다르게 시도해 보세요.
- 처음 아이 앞에서 물건을 가릴 때 물건의 일부가 보이도록 조금만 가린 후 시도해 보세요. 잘 한다면 그 다음에 완전히 가린 후 찾기 연습을 해 보아요.

활용놀이

대상영속성은 개월 수에 따라 개념이 잡히므로, 관련 놀이도 아이의 개월 수에 따라 다양하게 해줄 수 있어요. 개월 수에 따른 대상영속성 놀이 방법을 간단하게 소개해 드릴게요.

엄마와 까꿍놀이 대상영속성개념이 시작하는 시기에 가장 쉽게 놀아줄 수 있는 놀이로, 4~10개월 아이에게 정말 사랑받는 놀이예요. 재료가 없어도 손쉽게 할 수 있어서 더 좋아요. 엄마가 아이가 보는 앞에서 "엄마 어딨지?"하며 손으로 얼굴 가렸다가 "까꿍!"하며 나타나면 아이는 신기해하며 까르르 웃을 거예요.

등 뒤로 물건을 숨겼다가 발견 놀이 10~12개월 정도 되면 물건을 적극적으로 찾으려고 해요. 장난감을 아이가 보는 앞에서 등 뒤로 숨기고 아이가 찾을 수 있도록 하는 놀이를 해 보세요.

물건 숨기기 놀이 아이가 보는 앞에서 장난감 위에 손수건을 올려놓거나 장난감을 베개 밑에 숨긴 후 찾을 수 있도록 해주세요. 12~18개월 정도쯤에는 놀이의 수준을 조금 더 높여서 아이가 보는 앞에서 처음에 물건을 베개 밑으로 숨기는 척하다가 빼서 이불 밑에 넣으면 아이는 찾으려는 물건을 추적하며 찾으려고 노력할 거예요.

숨바꼭질 놀이, 아이에게 물건 숨기고 찾게 해 보기 놀이 대상영속성 개념이 확립된 경우라면 아이와 함께 숨바꼭질 놀이도 하고 아이가 직접 물건을 숨기고 찾게 하는 활동을 해 보면 더욱 재미있어 할 거예요.

05 CHAPTER

생후 10~12개월
아이 주도 놀이

드디어 첫돌이 다가오고 있어요. 누워서 꼬물거린 게 엊그제 같은데… 아이 키우는 건 정말 '금방'이더라고요. 이젠 제법 장난감도 능숙하게 만지며 놀고, 예쁜 짓도 늘어 사람다워지는 모습을 보니 뿌듯하시죠? 무엇보다 엄마들의 마음이 가장 바빠지는 시기이기도 해요! 바로 돌잔치 준비 때문인데요. 결혼 준비보다 더 빡쎈(?) 준비를 해야 하고, 나름 다이어트도 해야 하느라 바빠요. 또, '돌치레'라고 하여 갑자기 이유 없이 열이 오르거나 열꽃이 피기도 해 참으로 다이내믹한 시기가 될 수 있어요.

★★★ 생후 10~12개월 아이는요 ★★★

- 의자나 소파에 잘 기어 올라가고 잡고 서기가 가능하며, 옆으로도 이동할 수 있어요.
- 주로 네 발기기로 기어 다니기 시작해요.
- 바퀴가 달린 장난감을 주면 밀면서 놀아요.
- 입으로 가는 것이 줄고 양손으로 조작하는 것이 늘어나요.(밀기, 끌기, 움켜쥐기, 돌리기 등)
- 잠깐 혼자 설 수 있고, 손을 잡아주면 몇 발자국씩 걷거나 혼자서 한두 발자국 걷기도 해요.
- 검지손가락을 펴서 물건을 찌르거나 사물을 가리킬 수 있어요.
- 엄지와 검지를 사용해서 물건을 집을 수 있어요.

신체 발달

체중은 출생 시의 3배가 되고, 전체적으로 어른 체형으로 변화하며, 신생아 시기에 있던 두개골의 숨구멍 중 정수리 앞쪽에 있는 대천문이 닫히는 시기예요. 이젠 음식을 손으로 집어 먹거나 직접 숟가락을 사용하려고 해요.

인지&언어 발달

- 책에서 나오는 그림을 보는 것을 좋아해요.
- "엄마", "맘마"와 같은 소리를 내고 "안 돼"라고 말하면 행동을 멈출 수 있어요.
- 높은 곳에 올려놓고 내려오게 하면 무서워하고 조심스러워하기도 해요.
- 자신의 이름을 알고 간단한 지시사항을 이해할 수 있어요.

사회성 발달

- 사교성이 발달하고 가족 이외의 사람에게 친숙함을 나타내기도 해요.
- '까꿍놀이'를 좋아하고, 엄마, 아빠가 하는 '곤지곤지', '빠이빠이'를 따라할 수 있어요.
- 다른 사람의 행동을 모방할 수 있어요.
- 원하는 것을 손가락으로 가리킬 수 있어요.
- 또래에게 관심을 보이기 시작해요.

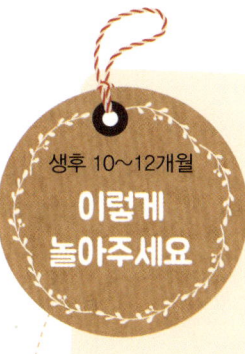

생후 10~12개월 이렇게 놀아주세요

- 서서 노는 시간이 늘어나고 있어요. 장난감 위치를 다양하게(식탁 위, 소파 위 등) 바꿔주며 엄마와 함께 찾아보며 놀아요.
- 이 시기에는 양손을 자유롭게 사용할 수 있게 되어 사물을 능숙하게 다룰 수 있어요. 넣고, 빼고, 열고, 풀고, 겹쳐쌓고, 장난감 자동차를 밀고, 공을 굴리고, 장난감을 맞추는 등 목적을 가진 장난감과 놀이를 좋아하는 시기이므로 다양하게 경험할 수 있도록 해주세요.
- 호기심이 많아지는 시기이므로 여기저기 돌아다니며 탐색할 수 있도록 해주세요. 이 과정을 통해 주위의 상황을 이해하는 능력을 기를 수 있어요.
- 노래 부르기는 이 시기에 가장 적합한 놀이예요. '자장자장 우리 아가' 등의 자장가나 '눈은 어디 있나 여기~'처럼 몸의 일부를 활용하는 노래, 간단한 동작을 수반하는 노래 위주로 불러주세요.
- 다른 사람과 교대로 자동차를 밀거나 공 굴리기, 숨바꼭질이나 술래잡기처럼 역할을 교대하는 놀이를 좋아해요.
- 컵이나 머리빗과 같은 위험하지 않은 사물을 활용하여 놀아주세요. 엄마, 아빠의 행동을 흉내 내면서 즐거워해요.

책 속 추천 놀이
- 종이 상자 터널놀이_ P.110
- 대롱대롱 내 과자_ P.116
- 길쭉길쭉 냠냠! 국수놀이_ P.120

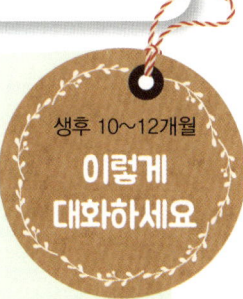

생후 10~12개월 이렇게 대화하세요

- 장난감 자동차를 굴릴 때 "부릉부릉" 소리를 내거나, 청소를 하면서 "윙윙", "방을 쓱싹쓱싹"처럼 의성어나 의태어를 많이 사용하여 말놀이를 해주세요.
- 아이가 흥미를 보이는 사물이 있다면 간단하게 설명해주세요. "그것은 토끼야.", "토끼는 깡총깡총 뛰어."처럼 아이가 이해할 수 있는 수준에서 이야기하면 돼요.
- 아이가 이해할 수 있게 표현은 간단하게 하되, 말하는 방법을 정확하게 인지할 수 있도록 문법에 맞는 표현을 사용해 주세요.

생후 10~12개월, **전문가 조언**

'흡인성 폐렴'을 주의하세요

이 시기에는 소근육이 발달하여 작은 물건도 곧잘 집을 수 있게 되면서 튀밥이나 곡물 같은 작은 물건을 활용한 놀이를 많이 하게 되는데요. 작은 물건을 잡고 놀 때 반드시 주의를 기울여야 할 부분이 흡인성 폐렴입니다.

흡인성 폐렴은 기관지나 폐로 이물질이나 병원균이 들어가 발생하는 폐렴이에요. 흡인성 폐렴 위험이 높은 음식으로 땅콩이 알려져 있지만 아이들에게는 작은 크기의 음식 모두가 위험할 수 있어요. 특히 튀밥과 같이 작고 가벼운 음식은 자칫 잘못하면 기도로 넘어가 생명이 위험할 수도 있답니다. 따라서 크기가 작은 재료를 활용한 놀이를 하고자 할 때에는 너무 많은 양을 한꺼번에 입에 넣지 않도록 곁에서 잘 지켜봐 주셔야 해요.

다양한 자세로 노는 아이, 공간 개념을 배우는 중이에요

이 시기의 아이들은 잡고 서거나 혼자 서 보려는 시도를 많이 해요. 소파나 의자에 틈만 나면 올라가곤 하죠. 이런 모습을 보고 아이가 너무 산만하고 거칠게 노는 건 아닌가 걱정하는 부모님들도 있어요. 하지만 걱정하지 마세요. 발달상 자연스러운 행동이에요. 앉거나 엎드린 자세로 바닥에서 하는 놀이에서, 잡고 서고 기어오르기를 하며 자신의 몸이 다양한 높이에 있을 때 변화를 인지하면서 공간 개념이 생기기 시작해요. 공간 개념은 다양한 공간 안에서 자신의 몸을 효율적으로 사용할 수 있게 조절하고, 자신을 중심으로 한 위치 개념은 물론 '앞, 뒤, 위, 아래, 안, 밖, 오른손, 왼손, 오른쪽, 왼쪽'을 알 수 있게 해요. 이것은 더 확장되어 수학적 공간 개념 발달에도 도움을 줄 수 있어요.

따라서 아이와 놀이를 할 때에는 놀이 영역을 더욱 확장시켜 주세요. 장난감도 다양한 높이와 장소에 놓아주고 위험한 물건이 아닌 경우 위에서 아래로 떨어뜨리면 반응도 해주며(장난감이 위에서 툭 떨어졌네?) 아이의 관심을 공유해 주세요. 또, 아이와 대화할 때 사물과 사람의 위치에 대한 명칭을 콕 짚어 말해주세요. "곰인형이 저기 있네."라고 말하기보다는 "곰인형이 책상 위에 있네."처럼 말해주면 돼요.

생후 10~12개월

미끌미끌, 향기도 좋아요
로션놀이

준비물 은박지, 베이비로션

생후 0~3개월에 가장 많이 했던 놀이 중 하나가 바로 '로션놀이'였죠. 로션놀이는 다른 오감놀이에 비해 뒤처리도 쉬울 뿐만 아니라 연약한 아이의 피부에 닿아도 안심이 되죠. 로션이 헤프게 쓰인다는 게 단점이라면 단점! 샘플로 받은 로션들을 모아 은박지 위에서 로션놀이를 해 볼게요. 바스락거리는 소리까지 곁들여져 오감을 자극하는 놀이가 될 수 있어요.

놀이 전 CHECK! CHECK!

- 아이와 말놀이를 하고 싶은가요? Yes ☐ / No ☐
- 일상에서 쉽게 하는 놀이를 해주고 싶은가요? Yes ☐ / No ☐
- 간단한 오감놀이를 해주고 싶은가요? Yes ☐ / No ☐
- 아이가 낯선 재료를 만지거나 몸에 닿는 것을 좋아하나요? Yes ☐ / No ☐
- 아이의 신체 발달에 도움을 주는 놀이를 해주고 싶은가요? Yes ☐ / No ☐

"먹지 마세요, 피부에 양보하세요"

은박지를 벽이나 바닥에 놓은 후 테이프로 고정하고, 아이가 은박지를 손으로 만져보며 탐색할 시간을 주세요. 탐색이 끝나면 은박지 위에 로션을 짜고 아이가 손과 발을 이용하여 만져보거나 몸에 문질러 볼 수 있도록 해주세요. 아이와 서로의 얼굴에 로션을 칠해 보는 것도 좋아요.

"이건 은박지야. 반짝반짝 예쁘지?"
"부스럭부스럭 무슨 소리지?
 ○○이 얼굴도 보이네?"
"쭈욱! 로션이 나왔어. 문질러 볼까?"
"○○이 얼굴에도 발라 볼까?
 엄마 얼굴에도 콕콕"

"신나는 공놀이 시간이 돌아왔어요"

로션놀이가 끝나면 은박지를 그대로 구겨서 공으로 만들어 보세요. 은박지공을 던지고 굴리면서 놀아보세요. 통에 넣고 빼기를 해도 좋아요.

"꾸깃꾸깃 구겼더니 공이 되었네."
"데굴데굴~ 또르르르르~"
"잡아보자."
"통 안에 넣어 볼까? 쏘옥"

| 오감자극 TIP |
- 아이가 은박지를 만질 때에는 단면에 손이 베지 않도록 잘 지켜봐주세요.
- 로션이 입에 들어가지 않게 잘 지켜봐주세요.

생후 10~12개월

책으로 하는 신체놀이

🧺 **준비물** 아이 그림책, 작은 종이 상자

책은 읽기 위해서 존재하지만 이 시기의 아이들에게 책은 중요한 놀이 도구 중 하나랍니다. 지금은 책 내용을 설명해주기보다는 책을 가지고 다양한 방법으로 놀아주는 것이 좋아요. 놀이를 통해 책을 자주 접하다 보면 자연스럽게 흥미가 생겨 아이 스스로 책을 펼치고 있는 모습을 보게 될 거예요.

놀이 전 CHECK! CHECK!

- 아이와 말놀이를 하고 싶은가요? Yes ☐ / No ☐
- 일상에서 쉽게 하는 놀이를 해주고 싶은가요? Yes ☐ / No ☐
- 아이의 신체 발달에 도움을 주는 놀이를 해주고 싶은가요? Yes ☐ / No ☐

"벽이 생겼어요"

아이의 책을 펼쳐 바닥에 세워주세요. 표지가 두꺼운 책을 사용해야 쉽게 쓰러지지 않아요. 아이 주변을 동그랗게 둘러 병풍처럼 만들어도 좋아요. 책 속의 그림을 보고 이야기를 나눠보거나 책 속 그림을 흉내 내 보세요.

"책이 섰네?"
"책 속에 사자가 있네? 어흥"
"멍멍이는 어떻게 울지? 그래 '멍멍'"

"지구용사, 벽을 무너뜨리기 위해 출동!"

책 벽을 쓰러뜨려 볼까요? 먼저 시범을 보여주면 아이가 알아서 따라할 거예요. 책이 쓰러질 때 재미있는 소리를 함께 내주면 오감을 자극할 수 있는 놀이가 된답니다. 책을 탑을 쌓듯이 세워주면 더 드라마틱하겠죠?

"우리 책을 쓰러뜨려 볼까?"
"꽈당! 와르르르~ 너무 잘한다."

"나를 따르라!"

아이의 양옆에 작은 종이 상자를 놓고 그 위에 책을 펼쳐 지붕처럼 만들어 주면 책 터널이 완성돼요. 책 터널의 끝과 끝에서 엄마와 까꿍놀이를 하거나 공을 굴려 통과시켜 보세요. 책 터널의 높이를 높여주면 그 사이를 통과하는 놀이도 가능해요. 너무 높이면 책이 쓰러질 수 있으니 주의해주세요.

"터널이다. 까꿍! 엄마 여기에 있네?"
"떼구르르르르~ 공 통과!"

| 오감자극 TIP |

- 놀이를 하기에 적당한 책이 없다면 종이컵을 활용하여 탑처럼 쌓아두고 아이가 쓰러뜨리는 놀이를 해도 좋아요.
- 책에 부딪히지 않도록 잘 지켜봐 주세요. 딱딱한 책의 모서리에 다칠 수 있으니 주의가 필요해요.

생후 10~12개월

종이 상자는
요술장난감

종이 상자 터널놀이

🧺 **준비물** 큰 종이 상자, 천, 리본 끈

집에 택배 상자 하나쯤 있으시죠? 저는 택배 왔다는 소리가 제일 좋더라고요. 요즘은 저희 아들도 택배 아저씨가 오는 걸 좋아해요. 자기 선물이 온다는 것을 알고 있나 봐요. 아이들은 종이 상자를 신기할 정도로 좋아해요. 특히 기저귀 상자나 대형 장난감 상자는 아이보다도 훨씬 큰데요. 이 상자를 보는 순간 무조건 들어가려고 한답니다. 이런 습성(?)을 이용해 자연스럽게 터널 놀이를 해 볼게요. 그야말로 돈 안 드는 친환경 놀이랍니다.

놀이 전 CHECK! CHECK!

- 아이와 말놀이를 하고 싶은가요? Yes ☐ / No ☐
- 일상에서 쉽게 하는 놀이를 해주고 싶은가요? Yes ☐ / No ☐
- 간단한 오감놀이를 해주고 싶은가요? Yes ☐ / No ☐
- 아이의 신체 발달에 도움을 주는 놀이를 해주고 싶은가요? Yes ☐ / No ☐

"기차가 터널을 통과합니다"

커다란 상자의 위아래를 모두 펼쳐 뻥 뚫리도록 해주세요. 그 안을 아이가 기어서 통과하는 놀이예요. 맞은편에 엄마가 자리하여 까꿍놀이를 해도 좋아해요. 상자가 크다면 엄마가 아이의 뒤를 따라 상자 터널을 통과해 보면서 기차 놀이를 해도 좋겠죠?

"영차영차, 터널 통과!!"
"○○이 어디 있지? 까꿍~~"

"우리 집에 커튼이 생겼어요"

종이 상자 입구에 색색의 리본 끈을 커튼처럼 달아 주면 아이가 입구를 빠져나오면서 몸으로 리본 끈의 촉감을 느낄 수 있고, 앉아서 리본 끈을 만지며 놀 수도 있어 촉감놀이도 함께할 수 있어요.

"리본 끈이네. 보들보들 느낌이 좋다."
"빨간색~ 파란색~ 리본 끈이네."

| 오감자극 TIP |
- 상자 안이 어두워서 무서워할 수도 있어요. 억지로 통과하게 하지 말고 까꿍놀이나 리본 끈만 만져보는 놀이를 해주세요.
- 아이가 좋아하는 장난감을 상자 안에 넣어두면 동기부여가 돼요.

 공을 구멍에 쏙쏙 넣어요

🧺 **준비물** 종이 상자, 볼풀공

아이들, 구멍 참 좋아하죠? 본능적으로 손을 집어넣고 들여다보기도 해요. 안전한 종이 상자와 공으로 신나게 만지고 조작해 보면 소근육 발달이 쑥쑥! 재미는 덤! 굳이 비싼 교구가 필요 없는 엄마표 구멍 뽕뽕 종이 상자 놀이를 해 볼까요?

놀이 전 CHECK! CHECK!

- 아이와 말놀이를 하고 싶은가요?   Yes ☐ / No ☐
- 일상에서 쉽게 하는 놀이를 해주고 싶은가요?   Yes ☐ / No ☐
- 아이의 신체 발달에 도움을 주는 놀이를 해주고 싶은가요?   Yes ☐ / No ☐

"상자에 구멍이 생겼어요"

튼튼한 종이 상자를 준비하고 공이 들어갈 수 있을 정도의 크기로 구멍을 뚫어주세요. 구멍의 모양은 다양해도 좋아요. 뚫린 구멍으로 아이가 공을 집어넣을 수 있도록 해주세요. 이때 상자는 완전히 밀봉하지 않아야 공을 빼기 쉽겠죠?

"상자에 구멍이 뽕뽕뽕 뚫렸네?"
"이 구멍은 동그라미 모양, 이 구멍은 네모 모양이야."
"○○가 구멍에 공을 넣어 볼까?"
"쏘~~옥! 잘했어요."

"동그란 비가 내려요"

상자를 손으로 들어 올려 상자 하단에서 공이 쏟아지도록 해주세요. 먼저 시범을 보여주고, 다음번에는 아이가 상자를 들어 공을 쏟아도 좋아요.

"다 넣었네. 이젠 쏟아 볼까?"
"통통통, 와르르르"

| 오감자극 TIP |

- 공을 구멍에 넣는 것보다 쏟는 것을 더 좋아한다면 엄마가 함께 공을 넣어주세요. 아이가 좋아하는 것 위주로 놀아야 더 재미있어 하고 오래 놀아요.
- 볼풀공이 없다면 장난감이나 종이를 구겨서 공처럼 만들어 사용해 보세요.

🔵 나만의 미니 볼풀장

 준비물 종이 상자, 볼풀공 또는 작은 장난감

요즘 베이비 키즈 카페 많이 가시죠? 가격 깡패라는 게 흠이라면 흠! 키즈 카페에서 인기 있는 곳 중 하나가 바로 볼풀장!! 알록달록 공을 던지기도 하고 입에 넣기도 하면서 잘 놀아요. 집에서도 종이 상자를 활용하면 작은 볼풀장을 만들어서 놀 수 있답니다. 상자 안에 쏙 들어가 몸을 움직이면 자연스럽게 감각 자극이 돼요.

놀이 전 CHECK! CHECK!

- 아이와 말놀이를 하고 싶은가요? Yes ☐ / No ☐
- 일상에서 쉽게 하는 놀이를 해주고 싶은가요? Yes ☐ / No ☐
- 간단한 오감놀이를 해주고 싶은가요? Yes ☐ / No ☐
- 아이가 낯선 재료를 만지거나 몸에 닿는 것을 좋아하나요? Yes ☐ / No ☐
- 아이의 신체 발달에 도움을 주는 놀이를 해주고 싶은가요? Yes ☐ / No ☐

"나만의 전용 수영장이 생겼어요"

아이가 들어갈 수 있을 만한 큰 상자에 적당한 양의 볼풀을 채워주세요. 볼풀공이 채워진 상자 안에 아이가 들어갈 수 있도록 해주세요. 자유롭게 공을 만져보고 던져보면서 재미있게 놀 거예요. 키즈 카페 부럽지 않은 즐거움을 느낄 수 있답니다.

"동글동글 공이네. 만져보자."
"폭신폭신하다."
"우리 볼풀 상자에 쏙 들어가 볼까?"
"우리 아가 발이 어디 있지? 꼭꼭 숨어라."

동글동글 공이야.

오감자극 TIP

- 아이가 마음의 준비를 하기도 전에 무작정 상자에 넣으면 놀랄 수 있어요. 상자에 들어가기 전에 상자와 그 안에 있는 공을 충분히 탐색하는 시간을 가져 안전하다는 것을 알려주세요.
- 공이 없으면 천이나 종이를 찢어 상자 안에 넣고 놀아도 좋아요.

생후 10~12개월

이젠 나도 설 수 있어요!

 팡팡~ 쳐보고, 딸랑딸랑~ 소리도 들어보아요

준비물 리본 끈, 풍선, 방울 종

앉아서 노는 것보다 서서 노는 시간이 많아졌어요. 잡고 서 있다가 손도 놓아보고, 살짝 옆으로 움직여 보기도 해요. 자기 딴에는 걸음마를 시작하려고 하는 건데, 엄마는 왜 이리 불안불안한지 눈을 뗄 수가 없어요. 서 있기를 좋아하는 우리 아이를 위해 맞춤 놀이를 해 볼까요?

놀이 전 CHECK! CHECK!

- 아이와 말놀이를 하고 싶은가요?   Yes ☐ / No ☐
- 일상에서 쉽게 하는 놀이를 해주고 싶은가요?   Yes ☐ / No ☐
- 아이의 신체 발달에 도움을 주는 놀이를 해주고 싶은가요?   Yes ☐ / No ☐

"신기한 소리가 나요"

풍선 안에 작은 방울 종을 넣고 입으로 불어 크게 만든 후 리본 끈으로 묶어 공중에 매달아 주세요. 아이가 풍선을 손으로 쳐 볼 수 있도록 해주세요. 아직 혼자서 오래 설 수 없는 아이라면 지지할 수 있는 범퍼 매트나 선반이 있는 위치에 리본 끈을 달아주세요. 풍선 대신 딸랑딸랑 예쁜 소리가 나는 풍경을 매달아도 좋아요.

"우리 풍선을 팡팡 쳐 볼까?"
"딸랑딸랑 소리가 들리네?"

| 오감자극 TIP |

- 아이가 혹시나 중심을 못 잡아 넘어지더라도 다치지 않도록 아이 주변의 위험한 물건은 모두 치워주세요.
- 작은 방울 종이 없다면 딸랑이를 매달아도 좋아요. 딸랑이가 손에 잡히는 크기라면 잡아서 흔들 수도 있으니 더 튼튼하게 고정해 주세요.

🧸 대롱대롱 내 과자

 **준비물** 리본 끈, 빨래집게, 아이 과자

오물오물 과자를 먹고 있는 모습을 보면 너무 귀여워요. 매일 간식으로 먹는 과자를 좀 더 재미있게 그리고 성취감을 맛볼 수 있도록 게임으로 만들어서 놀아 볼까요? 엄마는

놀이도 하고 간식도 주고 일석이조! 아이는 제일 좋아하는 과자도 먹고 소근육 향상과 신체 발달까지 할 수 있어요.

놀이 전 CHECK! CHECK!

- 아이와 말놀이를 하고 싶은가요? Yes ☐ / No ☐
- 일상에서 쉽게 하는 놀이를 해주고 싶은가요? Yes ☐ / No ☐
- 아이의 신체 발달에 도움을 주는 놀이를 해주고 싶은가요? Yes ☐ / No ☐

"과자 나라에 온 것 같아요"

벽과 벽 사이에 리본 끈을 가로로 붙이고 악력이 약한 빨래집게를 걸어주세요. 빨래집게에는 아이가 좋아하는 과자를 달아 주면 엄마의 놀이 준비 끝!! 엄마가 말하지 않아도 아이가 벌떡 일어나 맛있는 간식타임을 즐길 거예요. 심심할 수 있는 간식시간이 아이에게는 목표를 성취할 수 있는 큰 모험이 될 거예요.

"우리 ○○이, 까까 먹을까요?"
"대롱대롱 매달려 있네."
"우리 한번 따 보자."
"냠냠, 맛있지?"

○○이가 좋아하는 까까야. 한 번 따 보자.

오감자극 TIP
- 아직 손 힘이 세지 않아 잡아서 떼기 힘들 수도 있어요. 과자를 살짝만 집어 놓아주세요.
- 혼자 서기 힘들 경우 범퍼 매트나 테이블을 한 손으로 잡고 활동하게 해주세요.
- 넘어질 위험이 있으니 잘 지켜봐 주세요.

생후 10~12개월

사진앨범 하나로
가족사진놀이

🧺 **준비물** 사진 및 사진앨범

남는 건 사진밖에 없다는 말, 정말 실감해요. 사진을 보고 있으면 그때의 일이 생각나며 추억에 빠지곤 하죠. 우리 아이에게도 엄마, 아빠의 얼굴이 있는 가족사진을 보여주면 너무 좋아해요. 함께 사진을 보며 가족들의 이름도 말하고 사진을 찍을 때 있었던 일도 말해주면 그림책을 보는 것처럼 흥미를 갖고 본답니다. 자연스럽게 말놀이도 되고요. 엄마, 아빠도 잠시 추억을 회상할 수 있는 시간이니 같이 타임머신을 타러 가 볼까요?

놀이 전 CHECK! CHECK!

- 아이와 말놀이를 하고 싶은가요?   Yes ☐ / No ☐
- 일상에서 쉽게 하는 놀이를 해주고 싶은가요?   Yes ☐ / No ☐

"누구세요?"

엄마, 아빠 그리고 아이의 얼굴이 담긴 앨범을 준비해주세요. 엄마, 아빠의 어릴 때 사진도 좋고, 결혼식 사진도 좋아요. 함께 보고 이야기 나누기 충분하니까요.

"이건 우리 아가네."
"응애응애하고 엄마 배 속에서 나왔지."
"엄마, 아빠랑 어흥 사자 보러 갔었지?"
"엄마랑 아빠랑 딴딴따단 결혼했어."

엄마랑 아빠네.

| 오감자극 TIP |

- 사진 앨범을 끝까지 다 보지 않아도 돼요. 아이의 흥미가 떨어지면 놀이를 중단해주세요.
- 스마트폰으로 찍은 사진을 바로 보여줘도 좋지만, 어렸을 때부터 스마트폰을 접하는 것은 좋지 않으니 가급적 앨범을 사용해주세요.

생후 10~12개월

길쭉길쭉 냠냠!
국수놀이

🧺 **준비물** 쌀국수 또는 소면

아이들은 국수와 같은 면 요리를 정말 좋아해요. 입으로 들어가는 것보다는 흘리는 게 더 많지만 안 줬으면 어쩔 뻔 했을까 싶을 정도로 정말 맛있게 먹죠. 아이가 좋아하는 재료를 가지고 놀이를 하면 거부감 없이 재미있게 노는 모습을 볼 수 있을 거예요. 먹을 수 있는 재료라 입에 넣어도 안심이 되는 길쭉길쭉, 미끌미끌한 국수로 재미있게 놀아 볼게요.

놀이 전 CHECK! CHECK!

- 아이와 말놀이를 하고 싶은가요? Yes ☐ / No ☐
- 일상에서 쉽게 하는 놀이를 해주고 싶은가요? Yes ☐ / No ☐
- 오감놀이를 해주고 싶은가요? Yes ☐ / No ☐
- 아이가 낯선 재료를 만지거나 몸에 닿는 것을 좋아하나요? Yes ☐ / No ☐
- 아이의 신체 발달에 도움을 주는 놀이를 해주고 싶은가요? Yes ☐ / No ☐
- 국수에 알레르기 반응이 있나요? Yes ☐ / No ☐

"길쭉길쭉, 딱딱해요"

물에 삶지 않은 쌀국수 면을 만져보고 부러뜨려보세요. 엄마와 함께 도구로 툭툭 쳐서 부러뜨려도 재미있어요. 엄마가 좀 더 잘게 부숴서 비가 내리듯이 뿌려주면 '토도독' 소리도 들을 수 있어요.

"이건 쌀국수야. 길다."
"똑! 똑! 똑! 부러지네?"

"토독토독 소리가 나요"

짧게 잘린 쌀국수 면을 스테인리스통이나 플라스틱통에 뿌려보며 여러 가지 소리를 들어보세요. 아이가 작은 우산을 쓰고 있는 상태에서 우산 위로 면을 뿌려주면 더 생동감 있는 소리를 들을 수 있겠죠?

"펄펄 눈이 옵니다~"
"우산 위에 국수비가 내려요!"
"토독토독 신기한 소리가 난다."

"미끌미끌, 재미있다"

이번엔 물에 삶은 쌀국수 면을 만져볼게요. 삶은 쌀국수 면은 입에 넣어도 되니 입으로 마음껏 탐색할 수 있어요.

"이것도 쌀국수야. 아까랑 느낌이 다르지?"
"미끌미끌. 재미있다."
"냠냠. 맛있지?"

| 오감자극 TIP |

- 부러진 생국수 면에 약간의 물을 넣으면 면이 질척거리면서 덩어리로 뭉쳐져요. 엄마가 손으로 공처럼 꼭꼭 뭉친 후 아이에게 주어 굴리면서 놀아도 좋아요.
- 국수에 채소즙이나 과일즙을 섞으면 예쁘게 염색이 돼요. 입에 넣어도 안심되는 재료이니 걱정 없이 알록달록 색 놀이를 해 봐요.

생후 10~12개월

먹어도 안심! 천연물감놀이

준비물 당근, 비트, 시금치, 흰 종이

물감을 활용하여 다양한 색 경험과 오감놀이를 해 주고 싶지만 입에 넣을까 걱정된다면 먹어도 안심인 천연물감을 활용해 보세요. 색이 진한 과일이나 채소즙을 활용해 만지고 놀면서 자기 몸 색깔이 변하는 것을 보면 감성 발달도 쑥쑥! 쪽쪽 빨아 먹어도 걱정 없는 천연물감놀이를 시작해 봐요.

놀이 전 CHECK! CHECK!

- 아이와 말놀이를 하고 싶은가요? Yes ☐ / No ☐
- 일상에서 쉽게 하는 놀이를 해주고 싶은가요? Yes ☐ / No ☐
- 오감놀이를 해주고 싶은가요? Yes ☐ / No ☐
- 아이가 낯선 재료를 만지거나 몸에 닿는 것을 좋아하나요? Yes ☐ / No ☐
- 우리 아이의 신체 발달에 도움이 되는 놀이를 해주고 싶은가요? Yes ☐ / No ☐
- 당근, 비트 등 사용 재료에 알레르기 반응이 있나요? Yes ☐ / No ☐

"입에 넣어도 된대요"

냉장고에 있는 색이 진한 과일과 채소를 찾아 준비해주세요. 당근, 비트, 시금치 같은 색이 진한 채소나 포도즙이 천연물감을 만들기에 딱 좋은 재료예요. 채소에 물을 조금 섞어 믹서에 갈아 건더기를 체에 걸러주면 재료 준비 끝!! 바닥에 비닐을 깔고 작은 통이나 접시에 천연물감을 덜어주세요. 놀이 후 정리가 쉽도록 욕조에서 놀이를 해도 좋아요. 물놀이처럼 첨벙첨벙 손으로 만져보고 손발로 문지르며 자연스럽게 놀 수 있도록 해주세요.

"시금치는 초록색이야."
"당근은 주황색이야."
"미끌미끌 손이 빨갛게 변했네?"

"멋진 색으로 변신!"

이번엔 아이에게 흰 종이를 주고 종이에 알록달록 물감을 묻혀 색이 변하는 것을 보여주세요. 손도장을 찍어 봐도 좋겠죠?

"종이도 알록달록해졌어."
"○○이 손이랑 엄마 손을 같이 찍어 볼까?"

> **오감자극 TIP**
> - 채소를 물에 삶거나 데치면 즙을 내기 더 쉬워요.
> - 채소를 삶은 후 아이가 만질 수 있도록 해주셔도 좋아요. 주물럭거리면 즙이 나오면서 자연스럽게 천연물감이 만들어져요.
> - 흰 종이 외에 물이 잘 드는 휴지를 활용해도 좋아요.

생후 10~12개월

줄만 있어도 재미있어요

멋진 연주가가 꿈이에요

준비물 플라스틱통, 고무줄

이 시기가 되면, 검지손가락으로 사물이나 사람을 가리키기도 하고 구멍에 손가락을 집어넣을 수 있을 정도로 손과 손가락 움직임이 좀 더 세밀해져요. 구멍만 보면 손가락을 넣으려고 하므로 안전사고에 더 유의해야 해요. 아이의 소근육을 더 발달시킬 수 있도록 간단하고 쉬운 우리 아이만의 장난감을 만들어 볼까요? 손가락에 힘을 주어 팅팅, 탱탱 연주도 하고 탐험가가 되어 장난감도 찾는 아이의 모습은 새삼 진지하답니다.

놀이 전 CHECK! CHECK!

- 아이와 말놀이를 하고 싶은가요?   Yes ☐ / No ☐
- 일상에서 쉽게 하는 놀이를 해주고 싶은가요?   Yes ☐ / No ☐
- 아이의 신체 발달에 도움이 되는 놀이를 해주고 싶은가요?   Yes ☐ / No ☐

"기타 연주자가 되었어요"

뚜껑을 연 플라스틱 반찬통에 고무줄을 여러 개 끼워주면 준비 끝! 아이가 직접 손으로 고무줄을 튕기고 동요를 엄마가 불러주며 놀아보세요.

"고무줄 기타예요. 손가락으로 팅팅 튕겨보자."
"소리가 난다. 팅팅~"
"곰 세 마리가 한 집에 있어."

| 오감자극 TIP |
- 가장자리에 약간 홈을 낼 수 있으면 고무줄이 하나로 뭉치거나 쏠리지 않을 거예요. 쓰고 버릴 수 있는 재활용품통으로 만들어 보세요.
- 알록달록한 고무줄을 사용하면 다양한 시각 자극 놀이가 될 거예요.

거미줄 속 인형을 구하라

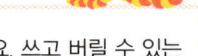 **준비물** 통 또는 바구니, 털실처럼 두꺼운 줄, 고무줄, 장난감

우리 몸의 뇌에서 가장 많은 면적을 차지하는 것은 손을 담당하는 부위라고 해요. 따라서 손가락의 움직임이 많을수록 두뇌는 자극을 받아 더 발달하겠죠? 이 시기에는 손과 손가락의 움직임이 정교해지면서 장난감과 같은 작은 물건들을 잡는 활동을 좋아해요. 소근육 발달을 더욱 촉진시키기 위해 손가락을 많이 사용할 수 있도록 유도하는 놀이를 한 번 해볼까요?

놀이 전 CHECK! CHECK!

- 아이와 말놀이를 하고 싶은가요? Yes ☐ / No ☐
- 일상에서 쉽게 하는 놀이를 해주고 싶은가요? Yes ☐ / No ☐
- 아이의 신체 발달에 도움이 되는 놀이를 해주고 싶은가요? Yes ☐ / No ☐
- 두뇌 발달을 촉진시킬 수 있는 소근육 발달 놀이를 해주고 싶은가요? Yes ☐ / No ☐

"고무줄을 피해 저를 구해주세요!"

기타놀이를 했던 재활용품통도 좋고, 빨래바구니처럼 구멍이 뚫린 것도 좋아요. 바구니 안에 장난감을 넣고 윗부분을 고무줄이나 끈으로 거미줄처럼 둘러주세요. 아이가 통 안에 손을 넣고 줄을 요리조리 피하면서 장난감을 꺼내보는 놀이예요. 구멍으로 손을 넣었다 뺐다 하면서 아이는 손을 다양한 방향으로 움직여 볼 거예요. 장난감이 안 빠지면 스스로 다른 방법을 탐구해 볼 겁니다.

"곰돌이 인형이 거미줄에 갇혔대! 우리가 꺼내주자."
"구멍으로 손을 쏙 넣어서 잡았다. 영차영차"
"거미줄에 막혀서 잘 안 되네. 다른 구멍으로 빼 볼까?"

| 오감자극 TIP |

줄을 촘촘히 두르면 큰 장난감은 꺼내기 어려워요. 장난감 크기를 고려해서 줄 간격을 조절해 주세요. 머리를 집어넣거나 줄이 손가락에 감겨 끼지 않도록 옆에서 잘 지켜보면서 같이 놀이해요.

생후 10~12개월

뽀족뽀족 고슴도치가 되었네?

🧸 손가락 힘을 길러요

🧺 준비물 작은 빨래집게

매일 쉴 새 없이 돌아가는 세탁기! 아이의 옷과 양말은 너무 작고 앙증맞아서 빨래집게로 건조대에 고정시키곤 했어요. 빨래집게도 정말 재미있는 놀잇감이 될 수 있다는 사실 아시나요? 빨래집게를 잡고 빼는 과정을 통해 소근육 운동을 제대로 할 수 있어요. 지금 건조대에 있는 빨래집게를 가져와 재미있게 놀아보세요.

놀이 전 CHECK! CHECK!	
• 아이와 말놀이를 하고 싶은가요?	Yes ☐ / No ☐
• 일상에서 쉽게 하는 놀이를 해주고 싶은가요?	Yes ☐ / No ☐
• 아이의 신체 발달에 도움이 되는 놀이를 해주고 싶은가요?	Yes ☐ / No ☐

"집게를 떼 주세요"

엄마가 빨래집게를 아이의 옷에 집어주세요. 아직 아이는 손가락의 힘이 세지 않아 빨래집게를 벌려서 끼우는 것은 못해요. 크게 힘을 들이지 않아도 쉽게 벌어지는 빨래집게를 사용해 아이의 옷에 살짝 집어주세요. 다 집었다면 아이가 빨래집게를 하나씩 뗄 수 있도록 유도해 주세요. 엄마, 아빠의 옷에 빨래집게를 붙여 떼는 놀이도 좋아요.

"하나, 둘, 셋! 우리 ○○이 옷에 집게가 붙었네."
"영차영차 떼어보자."

오감자극 TIP

- 너무 센 빨래집게는 아이가 빼기 힘들 수 있어요. 크기가 작고 힘이 많이 필요하지 않은 집게를 사용해 주세요. 장식용 집게를 활용해도 좋아요.
- 옷에 끼울 때 너무 깊숙이 끼우면 잘 못 뺄 수도 있어요. 아이가 성취감을 느낄 수 있도록 살짝만 집어 주세요.
- 아이가 자신의 옷에 집게를 붙이는 것을 거부하면 엄마 옷에 붙인 후 아이가 뗄 수 있도록 해주세요.

꼭꼭 숨어라, 빨래집게 보인다

준비물 통, 빨래집게

요즘은 잡고 서서 식탁 위도 뒤지고 소파나 의자 등등 못 올라가는 곳이 없죠? 이런 아이들에게 딱 좋은 놀이가 바로 '보.물.찾.기!'랍니다. 숨겨져 있는 것을 탐색하며 찾아내는 놀이는 아이가 성취감을 느낄 수 있게 해주어 자신감을 얻을 수 있어요. 뿐만 아니라 단순한 찾기 놀이이지만 직접 보물을 찾아내며 지각 능력과 집중력을 기를 수 있는 유익한 놀이랍니다.

놀이 전 CHECK! CHECK!

• 아이와 말놀이를 하고 싶은가요?	Yes ☐ / No ☐
• 일상에서 쉽게 하는 놀이를 해주고 싶은가요?	Yes ☐ / No ☐
• 아이의 신체 발달에 도움이 되는 놀이를 해주고 싶은가요?	Yes ☐ / No ☐
• 두뇌 발달을 촉진시킬 수 있는 소근육 발달 놀이를 해주고 싶은가요?	Yes ☐ / No ☐
• 아이에게 자신감과 성취감을 느끼게 해주고 싶은가요?	Yes ☐ / No ☐

"보물을 찾아 떠나요"

집 곳곳에 빨래집게를 집어 놓거나 올려놓고 집 안을 누비며 찾고 다니는 놀이를 해 볼 게요. 이 놀이는 대근육, 소근육 운동도 될 뿐만 아니라 다양한 위치에 대한 개념 형성에 도 도움을 줄 수 있어요. 아이의 손이 닿을 수 있는 높이의 식탁, 의자 위, 책상 아래 등 다양한 위치에 빨래집게를 두고 아이가 찾을 수 있도록 해주세요.

"빨래집게가 꼭꼭 숨었대. 같이 찾아보자."
"어디어디 숨었나? 어? 식탁 위에 있었네?"
"찾았다. 통에 퐁당!"
"어디어디 숨었나? 의자 밑에 있었네?"

오감자극 TIP
- 아이가 빨래집게를 빼면서 소근육 활동도 같이 할 수 있어요.
- 엄마와 아이가 함께 찾으면서 물건의 위치(위, 아래)에 대해 간단히 말해주면 공간 개념을 이해하는 데 도움이 될 거예요.
- 아이가 찾기 어려워한다면 엄마가 장소를 말해주며 같이 찾아보거나 물건을 탁탁 쳐서 아이가 소리를 듣고 찾아보게 해도 좋아요.

CHAPTER 06

생후 13~18개월
아이 주도 놀이

드디어 세상을 향해 첫발을 내딛는 우리 아이. 첫 발짝을 떼 놓은 게 엊그제 같은데 이제는 두 다리로 아장아장 걷고 있는 뒷모습을 보면, 엄마, 아빠의 품을 벗어났다는 허전함과 혼자서 잘 걸을 수 있다는 뿌듯함이 교차하는 것 같아요. 이제는 뭐든 혼자서 하고 싶어 하여 손도 안 잡으려 하고, 슬슬 고집과 반항이 시작돼요. 2차 고비가 시작되는 시기죠. 육아는 해냈다 생각하면 다시 큰 산이 떡하니 기다리고 있어요. 방심하면 안 돼요. 정말 힘들지만 아이 마음을 잘 읽어주는 엄마가 되도록 노력해 봐요.

★★ 생후 13~18개월 아이는요 ★★

- 옆에서 도와주지 않아도 앉아 있다가 혼자서 일어날 수 있어요.
- 지지 없이 서서 혼자서 걸을 수 있어요.
- 공을 손으로 잡아 던질 수 있어요.
- 여기저기 낙서를 시작해요.
- 블록을 2개 이상 쌓을 수 있어요.
- 네 발로 기어서 계단을 내려갈 수 있어요.
- 손가락 힘이 발달하면서 그림책을 볼 때 손으로 직접 책장을 넘기려고 해요.

신체 발달

생후 13~18개월이 되면 어금니가 나기 시작하여 음식을 씹을 수 있어요. 뿐만 아니라 손가락의 근육이 세밀하게 발달하여 숟가락과 포크 사용이 능숙해지고 손잡이 없는 컵을 사용할 수 있어요.

인지&언어 발달

- 성인과 유사한 억양 패턴을 사용하기 시작해요.
- 반향어(남의 말을 그대로 따라하는 것)를 사용해요.
- 간단한 지시를 수행할 수 있어요.
- 원하는 물건을 요구하며 조르고, 저항하기 시작해요.
- 상황을 인지할 수 있어 엄마가 외출 준비를 하고 있으면 자신의 신발을 챙기고, 엄마가 요리를 하고 있으면 식탁에 앉아요.
- 놀이하는 동안 웅얼거리면서 놀아요.
- 의사소통을 위해 몸짓과 단어를 사용하기 시작해요.
- 3~10개, 또는 그 이상(대부분 명사)의 표현 어휘를 습득해요.

사회성 발달

- 주로 혼자서 장난감을 갖고 놀고 잠시 동안 또래와 어울려 놀 수 있어요.
- 물건을 지적하거나 보여주면서 자신에게 집중하길 요구해요.
- 간단한 지시를 따를 수 있어요.
- 혼자 단추가 없는 옷을 벗을 수 있어요.
- 간단한 집안일을 도와줄 수 있어요.
- 장난이 심한 아이, 신경질적인 아이, 얌전한 아이 등 성격상의 개성이 나타나요.
- 음악에 맞춰 몸을 흔들기도 해요.
- 서툴지만 자기 의사를 표현할 수 있어요.

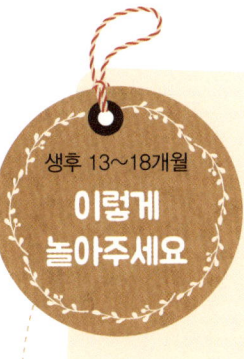

생후 13~18개월 이렇게 놀아주세요

- 활동량이 많아지고, 손가락에 힘이 생기면서 밀고 당기기, 공 던지기, 블록 맞추기 등의 놀이를 할 수 있어요. 다양한 종류의 장난감을 활용해 놀아주세요.
- 큰 종이에 낙서하는 것을 좋아해요. 크레파스를 주어 아이가 마음껏 그려볼 수 있도록 해주세요.
- 놀이를 할 때 동요나 율동을 같이 해주면 흥미 유발도 되고 노래에 맞는 율동으로 언어 자극과 신체 동작을 동시에 배울 수 있어요.
- 엄마와 번갈아 할 수 있는 쌓기, 고리 끼우기와 같은 상호작용 놀이를 시작해도 좋아요.
- 엄마나 아빠의 지시를 이해하고 수행할 수 있으므로 소꿉놀이, 병원놀이 같은 역할놀이를 해주세요.
- 반복적인 놀이를 좋아하므로 위험한 놀이가 아니라면 똑같은 놀이를 한다고 하더라도 제지하지 말고 지켜봐주세요.

책 속 추천 놀이
- 동글동글 곡물놀이_ P.135
- 부스럭부스럭 재미있는 종이파티_ P.137
- 이불로 김밥을 만들어요_ P.150

생후 13~18개월 이렇게 대화하세요

- '안 돼'가 아닌 '돼'는 환경을 만들어주고, 부정적인 대화는 피해주세요.
- 아이를 테스트하는 질문은 자제해주세요. 아이에게 질문을 할 때는 "○○할까?"처럼 가볍게 물어보세요. 아이가 말하기에 대한 자신감이 떨어지고 눈치를 볼 수 있으므로 '이건 뭐지?'하며 대답을 이끌어내는 건 자제해주세요.
- 자신의 신체, 옷, 동물에 관심이 많아지는 시기예요. 놀이나 대화를 할 때에는 신체의 명칭과 사물의 이름을 정확하게 사용해주세요.
- 노래하듯이 리듬을 살려 반복하는 것을 좋아하므로 재미있는 말놀이를 해 보세요.
  예 "다리를 쑤욱~~ 바지를 입자~ 반대쪽 다리도 쑤욱~! 바지를 다 입었네."

생후 13~18개월, **전문가 조언**

빨리 걷지 않아도 돼요, 천천히 기다려 주세요

요즘 아이들은 정말 발육도 좋고 발달도 빨라져 돌 전에 걷는 아이들이 많아졌어요. 주변의 비슷한 개월 수의 아이는 걷는데 우리 아이만 아직 못 걷는것 같아 불안해하고 있진 않으신가요? 하지만 전혀 걱정할 시기가 아니에요. 아이들마다 발달 속도는 다를 수밖에 없기 때문에 약간의 차이는 당연히 생기게 돼요. 아이는 지금도 혼자서 걷기 위해 열심히 네발기기를 하면서 몸통, 팔, 다리를 열심히 단련하고 있는 중이에요. 네발기기를 충분히 한 아이들은 두 발로 걷기 시작하면 훨씬 안정적으로 걷고 몸통, 팔도 튼튼해져서 소근육 활동도 더 잘 따라올 수 있답니다. 다른 아이와 비교하면서 속상해하지 말고, 너무 뒤떨어지는 것 아닌가 라고 생각하며 조급해하기보다는 여유로운 마음으로 우리 아이를 믿고 응원해주세요.

궁금한 게 많은 우리 아이,
엄마의 적극적인 언어 표현과 호응은 언어 발달에 도움이 돼요

아이가 걷기 시작하면 활동 반경이 커지면서 호기심이 폭발적으로 늘어나는 시기예요. 또, 이때는 자신이 관심이 있는 것을 손가락으로 가리키거나 다양한 몸짓으로 궁금함을 부모에게 어필하여 확인받고 싶어 해요. 엄마는 아이가 관심 있어 하는 것을 알아채고 명칭에 대한 정확한 정보를 제공해주며 언어 표현을 반복적으로 해주세요.

집 안에서 다양한 재료를 만지고 놀아도 좋고, 날이 좋으면 실외로 나가 나무, 꽃, 구름, 물, 자동차, 하늘에 떠다니는 비행기 등을 구경하며 대화를 나눈다면 아이에게 더 없이 좋은 자극이 될 거예요. 엄마의 언어적인 호응도가 적절하면 언어 발달과 정서 발달에도 많은 도움을 받을 수 있다는 사실을 꼭 기억해주세요.

생후 13~18개월

동글동글 곡물놀이

🧺 **준비물** 쌀, 콩 등 다양한 곡물, 스테인리스통, 장난감 자동차, 삽

오감놀이하면 빠질 수 없는 놀이가 곡물놀이예요. 재미있는 촉감을 느끼며 담아보고 쏟아 보며 소꿉놀이, 공사장놀이를 하면 무한 상상력을 펼칠 수 있는 놀이가 될 거예요. 곡물놀이를 하고 나면 일주일 동안은 집 구석구석에서 콩을 하나씩 발견하게 될 수도 있어요. 잊을만 하면 한 번씩 나오니 놀라지 마세요. 곡물은 보관만 잘하면 반영구적으로 쓸 수 있고 친환경 놀잇감이라는 점에서 높은 점수를 받고 있어요.

놀이 전 CHECK! CHECK!

- 아이가 만지고 탐색하는 놀이를 좋아하나요? Yes ☐ / No ☐
- 아이가 곡물과 같은 재료를 만지거나 몸에 닿는 것을 좋아하나요? Yes ☐ / No ☐
- 아이가 마음껏 놀이를 할 수 있는 영역이 확보되어 있나요? Yes ☐ / No ☐
- 아이에게 자기 주도 놀이를 해주고 싶은가요? Yes ☐ / No ☐

"동글동글 이게 뭘까요?"

다양한 종류의 곡물을 준비해주세요. 곡물은 어떤 종류든 좋아요. 저는 집에서 쉽게 구할 수 있는 쌀과 콩을 주로 사용합니다. 넓은 비닐 안에 콩과 쌀을 뿌려 놓고 아이가 마음껏 만져볼 수 있도록 해주세요. 아이에게 어떤 종류의 곡물인지 알려주면 인지 능력도 함께 발달되겠죠?

"동글동글 콩이네. 작고 하얀 것은 쌀이야."
"콩이 데굴데굴 굴러가네."

"톡톡! 토도독! 재미있는 소리다!"

스테인리스 볼이나 통, 숟가락이나 장난감 삽 등을 아이에게 주면 통에 담았다 쏟으면서 자연스럽게 다양한 소리를 들으며 놀 수 있어요. 아이가 도구를 어찌 사용해야 하는지 모른다면 먼저 시범을 보여주세요. 엄마의 행동을 모방하며 쉽게 따라 할 거예요. 장난감 트럭에 곡물을 담아 배달하는 놀이도 좋아요.

"쌀이랑 콩을 통 위로 떨어뜨려보자."
"재미있는 소리가 들리네. 토도독"
"푹~ 퍼서 트럭에 담아 보자."
"빵빵~~ 엄마한테 배달갑니다."

오감자극 TIP
- 입자가 작아 곡물을 입이나 코에 넣을 수도 있어요. 자칫 잘못하면 기도가 막힐 수 있으니 꼭 옆에서 지켜봐주세요.
- 굴러다니는 재료이기 때문에 비닐보다는 놀이매트나 가드가 있는 곳에서 하면 정리가 수월해요.
- 발에 곡물이 닿는 것을 싫어하는 아이라면 양말을 신겨주세요.

생후 13~18개월

부스럭부스럭
재미있는 종이파티

🧸 혼자서도 잘 찢을 수 있어. 사자갈기 종이놀이

🧺 **준비물** 종이

종이 찢기는 대표적인 소근육 발달 놀이 중 하나예요. 손끝으로 잡고 두 손을 사용해야 혼자서 종이를 찢을 수 있거든요. 이 좋은 놀이를 손가락 조작 능력이 부족하다 생각되어 그냥 기다리고 계셨나요? 엄마가 약간의 도움만 주면 충분히 아이 혼자서 종이를 찢을 수 있답니다. 정말 사소하지만 아이에게는 큰 성취감을 줄 수 있는 종이찢기 놀이 팁을 소개할게요. 꼭 따라해 보세요.

놀이 전 CHECK! CHECK!

- 아이가 만지고 탐색하는 놀이를 좋아하나요? Yes ☐ / No ☐
- 아이가 종이와 같은 재료를 만지거나 몸에 닿는 것에 거부감은 없나요? Yes ☐ / No ☐
- 아이에게 소근육 활동이 필요한가요? Yes ☐ / No ☐
- 아이가 종이를 찢어본 경험이 있나요? Yes ☐ / No ☐
- 자기 주도 놀이를 해주고 싶으신가요? Yes ☐ / No ☐

"찌지직~ 어? 찢어지네?"

엄마가 종이의 가장자리를 조금만 찢어 준비해주세요. 다 찢고 나면 종이가 사자의 갈기처럼 변해요. 이렇게 종이를 조금씩 찢어놓으면 적은 힘만으로도 아이가 쉽게 찢을 수 있게 돼요. 이제 아이가 종이를 찢을 수 있도록 해주세요. 엄마의 배려로 아이는 혼자서 종이를 찢어보며 충분히 성취감을 느꼈을 거예요.

"엄마처럼 종이를 찢어 볼까?"
"찌지지직~ 잘한다."
"우리 ○○이가 혼자 찢었네? 정말 대단해."

"하늘에서 눈이 내려요"

아이가 열심히 찢은 종이를 한 주먹 들고 뿌려보세요. 엄마가 아이의 머리 위에서 찢은 종이를 뿌려주면 아이가 정말 좋아한답니다. 노래도 같이 불러보세요.

"종이를 같이 뿌려볼까?"
"펄펄~ 눈이 옵니다."

> **오감자극 TIP**
> 양손을 활용하여 종이 찢는 것을 힘들어한다면 마찬가지로 종이 가장자리를 조금 찢고 한쪽은 엄마가, 다른 한쪽은 아이가 잡은 후 당기면 좀 더 쉽게 찢을 수 있어요.

🔺 뗐다 붙였다 신기한 종이

🧺 **준비물** 포스트잇, 아이 사진 및 엄마, 아빠 사진

포스트잇은 공부할 때나 일할 때 참 요긴하게 썼던 물건이죠. 스티커보다 잘 떨어지고 면적도 커서 아이들의 소근육 놀이로 안성맞춤인 재료예요. 오늘만큼은 인심 팍팍 써서 포스트잇 한 뭉치를 쥐어 줘 보는 것은 어떨까요? 다양한 포스트잇 놀이로 소근육 발달은 물론 인지 발달에 도움을 주세요.

놀이 전 CHECK! CHECK!

- 아이가 만지고 탐색하는 놀이를 좋아하나요?   Yes ☐ / No ☐
- 아이가 종이와 같은 재료를 만지거나 몸에 닿는 것에 거부감은 없나요?   Yes ☐ / No ☐
- 아이에게 소근육 활동이 필요한가요?   Yes ☐ / No ☐
- 아이가 종이를 찢어본 경험이 있나요?   Yes ☐ / No ☐

"신기한 종이예요"

작은 뭉치의 포스트잇을 만져보며 한 장씩 떼어 볼 수 있도록 해주세요. 아이나 엄마, 아빠의 몸에 붙였다 떼는 놀이도 좋아요. 몸에 붙일 때는 신체의 명칭도 함께 말해주면 인지 발달에 도움이 되겠죠?

"종이가 붙네? 착착착!"
"우리 ○○이가 한 번 떼어 볼까?"
"우리 ○○이 팔에 종이가 붙었네."
"엄마 코에 붙어 있네, 떼어줘."

"누가누가 숨어 있나?"

놀이 전에 아이, 엄마, 아빠의 사진을 준비해주세요. 사진 속 얼굴 위에 작은 포스트잇을 붙여서 가려주세요. 아이가 포스트잇을 떼어내면 얼굴이 짠! 하고 나온답니다. 까꿍놀이에 버금가는 재미있는 놀이가 될 거예요.

"꼭꼭 숨어라. 머리카락 보인다."
"떼어보자~누가 숨어 있을까?"
"누구지? 짜잔! 아빠네?"

"찢고, 구기고, 던지고"

놀이를 끝낸 포스트잇은 정리 후 다시 사용해도 돼요. 다시 쓸 수 없는 상태의 포스트잇이라면 작게 구겨서 공을 만들어 던지거나 찢어서 종이꽃비가 내리게 해주세요.

"꾸깃꾸깃 종이가 구겨졌어."
"슛~ 던지자."
"펄펄 눈이 옵니다."

| 오감자극 TIP |

직접 몸에 붙이는 것을 싫어하면 옷 위로 아이의 시선이 닿는 부위에 붙이고 뗄 수 있게 해주세요.

오감만족 종이보물상자

준비물 여러 가지 종이(신문지, 색종이, 습자지, 도화지 등), 장난감, 포장된 간식

찢고 뿌리는 놀이 말고 더 재미있는 건 없냐고요? 왜 없겠어요. 바로 보물찾기! 맛있는 간식, 좋아하는 장난감을 종이 뭉치들 사이에 숨겨두면 우리 아이는 멋진 탐험가로 변신하여 인디아나 존스 뺨치는 실력으로 보물을 찾는답니다. 자~ 보물을 찾으러 가 볼까요?

놀이 전 CHECK! CHECK!

- 아이가 만지고 탐색하는 놀이를 좋아하나요? Yes ☐ / No ☐
- 아이가 종이와 같은 재료를 만지거나 몸에 닿는 것에 거부감은 없나요? Yes ☐ / No ☐
- 아이에게 소근육 활동이 필요한가요? Yes ☐ / No ☐
- 종이를 찢어본 경험이 있나요? Yes ☐ / No ☐

"손과 귀가 즐거워요"

각기 다른 재질의 종이(신문지, 색종이, 습자지 등)를 만져보고 소리를 들어보며 탐색하고, 찢어 볼 수 있도록 해주세요. 종이마다 가지고 있는 서로 다른 촉감과 소리를 느낄 수 있어요.

"종이를 한번 찢어 볼까?"
"부스럭부스럭, 바스락바스락 소리가 다르네?"

"보물이 숨어 있어요"

엄마가 미리 잘게 찢어놓은 종이와 아이가 찢은 종이를 합쳐 작은 상자에 넣어주세요. 그 상자 안에 아이가 좋아하는 포장된 간식과 작은 장난감을 숨긴 후 찾는 놀이를 할 거예요. 누가누가 빨리 찾나 내기를 해 보는 것도 좋아요.

"종이를 상자에 넣자. 차곡차곡 꾹꾹"
"종이 속에 우리 ○○이 장난감이 숨어 있대. 찾아보자."
"어디어디 숨었나. 찾았다."
"비타민 사탕, 누가누가 빨리 찾나 시작!"

오감자극 TIP
- 바구니를 엎을 수도 있어요. 그것도 재미있는 놀이를 만들며 노는 거니 "안 돼"라는 말은 자제해주세요.
- 소근육 발달뿐만 아니라 숨겨져 있는 물건을 찾는 과정을 통해서 시지각 능력 발달에도 도움이 돼요.

종이로 염색을 해요

준비물 습자지, 흰 종이

얇고 하늘거리는 습자지라는 종이가 있어요. 문방구에 가면 쉽게 구할 수 있는 미술 재료예요. 알록달록 예쁘고 잘 찢어지고 가벼워서 문화센터나 엄마표 놀이에 많이 쓰인답니다. 습자지가 물에 닿으면 색이 묻어 나오는 것 아세요? 정말 고운 색으로 염색이 돼요. 물감이 아닌데 염색이 되는 신기한 종이. 습자지로 재미있는 염색놀이를 해 보세요.

놀이 전 CHECK! CHECK!

- 아이가 만지고 탐색하는 놀이를 좋아하나요? Yes ☐ / No ☐
- 아이가 종이와 같은 재료를 만지거나 몸에 닿는 것에 거부감은 없나요? Yes ☐ / No ☐
- 아이에게 소근육 활동이 필요한가요? Yes ☐ / No ☐
- 아이가 앉아서 하는 놀이에 흥미가 있나요? Yes ☐ / No ☐
- 자기 주도 놀이를 해주고 싶으신가요? Yes ☐ / No ☐

"콩콩콩, 종이 도장을 찍어보자!"

여러 장의 습자지를 동글동글 구겨서 공처럼 만들고, 가운데 윗부분 종이를 조금 빼서 뾰족하게 말아 사과 꼭지처럼 만든 후 테이프를 감아 손잡이를 만들어주세요. 습자지에 물을 살짝 묻혀 흰 종이에 콩콩 찍으면 습자지의 색이 묻어 나와 도장처럼 찍힌답니다. 먼저 시범을 보여주면 아이도 쉽게 따라 할 수 있을 거예요.

"우리 종이를 구겨볼까? 동글동글 꾹꾹!"
"종이 공에 물을 묻혀서 종이에 콕콕 찍자."
"예쁜 빨간색이 나왔네?"

콩콩콩~
도장을 찍자.

오감자극 TIP

- 습자지는 빨간색이나 노란색처럼 단색이 염색이 잘 돼요.
- 습자지의 물이 손에 묻으면 쉽게 지워지지 않으므로 손잡이에 테이핑을 해주세요. 좀 더 수월하게 놀이를 할 수 있어요.

생후 13~18개월

재활용 촉감놀이

준비물 종이접시, 에어캡, 샤워볼, 커피 홀더(골판지), 털실, 빨대 등 집에 있는 물건

다양한 촉감놀이는 이 시기의 아이들에게 참 중요한 놀이예요. 하지만 아이가 손에 묻는 것을 싫어하는 경우가 많아 잘 해주지 못하는 경우가 많아요. 이런 아이들을 위해 손에 묻지 않는 촉감판을 한 번 만들어 볼까요? 손재주가 없는 분들은 만들어보자는 말을 듣자마자 겁부터 나시죠? 저도 완전 '똥손'이랍니다. 저 같은 사람들은 어차피 공들여 만들어도 안 예쁘니 공들여 놀잇감 만들 시간에 아이와 다른 놀이를 한 번 더 할래요. 예쁘게 만들 생각은 버리고 편하게 만들면 돼요. 거창한 재료가 아닌 집에 있는 재료로 충분히 활용 가능한 마법의 촉감 길을 만들어 볼게요.

놀이 전 CHECK! CHECK!

- 아이가 만지고 탐색하는 놀이를 좋아하나요?   Yes ☐ / No ☐
- 아이가 낯선 재료를 만지거나 몸에 닿는 것을 좋아하나요?   Yes ☐ / No ☐
- 아이가 마음껏 놀이를 할 수 있는 영역이 확보되어 있나요?   Yes ☐ / No ☐

"접시 위에 뭐가 붙어 있네?"

종이접시 위에 여러 가지 재료를 접착제를 이용해 붙여주세요. 재활용 재료를 이용하면 더욱 좋아요. 에어캡, 낡은 샤워볼, 커피 홀더 안쪽 부분, 빨대 등 집에서 구할 수 있는 모든 소품들이 촉감놀이의 좋은 재료가 될 수 있어요. 접시 위에 붙인 재료들을 아이가 손으로 만져볼 수 있는 시간을 주세요.

"울퉁불퉁, 볼록볼록 손으로 만져볼까?"
"보들보들하네. 이건 털실이야."

"발로 꾹꾹 밟아봐요"

아이가 발로 밟으며 쉽게 이동할 수 있도록 간격을 맞춰 종이접시를 놔 주세요. 일자나 지그재그로 놓아주면 돼요. 손으로 만져보고 발로 밟아보며 각각의 소품들이 어떤 느낌인지 아이가 직접 느낄 수 있도록 해주세요.

"울퉁불퉁. 종이가 울퉁불퉁하네."
"톡톡톡. 비닐을 터트려볼까?"
"한 발씩 접시를 밟으면서 걸어 볼까?"

| 오감자극 TIP |
종이접시에 붙여 놓은 재료를 뜯는 것에 더 열중할 수도 있어요. 소근육을 발달시킬 수 있는 좋은 기회이니 엄마가 의도한 대로 촉감놀이가 되지 않아도 지켜봐 주세요.

생후 13~18개월

폭신폭신 목욕스펀지놀이

준비물 목욕스펀지, 투명 시트지(또는 투명테이프), 끈

아이의 목욕 시간을 도와주는 목욕스펀지는 보들보들한 촉감이 너무 좋아요. 버리기 직전의 낡은 스펀지를 마지막으로 한 번 더 장난감으로 활용한 후 재활용에 쏙~~ 목욕스펀지로 어떻게 놀 수 있을지 궁금하시죠? 지금부터 시작해 볼게요.

놀이 전 CHECK! CHECK!

- 아이가 만지고 탐색하는 놀이를 좋아하나요? Yes ☐ / No ☐
- 아이가 스펀지와 같은 재료를 만지거나 몸에 닿는 것에 거부감은 없나요? Yes ☐ / No ☐
- 아이가 마음껏 놀이를 할 수 있는 영역이 확보되어 있나요? Yes ☐ / No ☐
- 아이에게 소근육 활동이 필요한가요? Yes ☐ / No ☐

"폭신폭신 목욕스펀지를 만져봐요"

목욕스펀지를 통째로 주어 만져보며 촉감을 느끼고 누를 때마다 모양이 바뀌는 것을 보여주세요. 탐색이 끝나면 적당한 크기로 잘라 차곡차곡 쌓거나 기차처럼 연결해 보세요.

"폭신폭신하다."

"손가락으로 꾹~ 눌렀다가 떼면 짠! 펴졌다."

"위로 하나씩 쌓아 볼까?"
"옆으로 연결하면 칙칙폭폭, 기차가 되었네?"

"착착착 붙여보아요"

벽이나 창문에 시트지나 투명테이프를 접착 부분이 앞으로 오게 붙인 후 그 위에 목욕스펀지를 붙여보세요. 테이프에 잘 붙을 수 있도록 목욕스펀지의 물기를 제거해 주셔야 해요. 다양한 모양을 만들어보면서 도형의 개념을 어렴풋이나마 익힐 수 있어요.

"스펀지를 하나씩 붙여볼까?"
"스펀지 네 개를 연결해서 붙이니까 네모가 되었네?"
"이번엔 세 개를 붙여볼까? 세모 모양이 나타났어."

"폭신한 공이네?"

길고 얇게 자른 스펀지 뭉치의 가운데를 끈으로 묶어주면 공처럼 돼요. 만져보고 던져보면서 놀아요.

"폭신폭신한 공이 만들어졌어. 엄마한테 굴려볼까?"
"아빠한테 공을 던져보세요."

> **오감자극 TIP**
> 스펀지에 바스를 묻혀 거품이 나면 꽉 쥐어서 거품내기 놀이를 하거나 몸에 거품을 발라주면 촉감놀이까지 함께할 수 있어요.

생후 13~18개월

손에 안 묻네?
요술물감놀이

🧺 **준비물** 물감, 지퍼백

물감놀이로 아이에게 다양한 색에 대한 경험과 재미있는 느낌을 전해주고 싶은데 뒤처리 걱정으로 아직 마음의 준비가 되지 않으셨다고요? 손에 묻히지 않고 물감놀이를 할 수 있는 방법이 있답니다. 물감과 지퍼백만으로도 다양한 색을 섞어보는 경험을 해 볼 수 있어요.

놀이 전 CHECK! CHECK!

- 아이가 만지고 탐색하는 놀이를 좋아하나요?   Yes ☐ / No ☐
- 아이가 낯선 재료를 만지거나 몸에 닿는 것에 대한 거부감은 없나요?   Yes ☐ / No ☐
- 아이가 앉아서 하는 놀이에 흥미를 보이나요?   Yes ☐ / No ☐
- 아이에게 소근육 활동이 필요한가요?   Yes ☐ / No ☐

"어? 손에 안 묻네?"

지퍼백 안에 원하는 색의 물감을 짜서 공기가 들어가지 않도록 최대한 잘 밀봉해주세요. 과격하게 만지고 놀 것을 대비해 가장자리는 테이핑 처리를 해 주어도 좋아요. 이제 아이가 마음껏 물감을 만져볼 수 있도록 해주세요. 손에 묻지 않아서 더 자신감 있게 만질 거예요. 두 가지 색 이상이 담겨 있다면 색이 섞이면서 다른 색이 나타나는 것도 직접 볼 수 있어요.

"비닐 안에 빨간색, 파란색이 있네."
"손으로 꾹꾹 눌러보니까 물컹물컹하다."
"파란색이랑 노란색이 합쳐져서 초록색이 되었네?"

"신기한 그림을 그렸어요"

면봉이나 긴 막대기를 활용하여 지퍼백 위를 문지르면 멋있는 그림도 그릴 수 있어요. 지퍼백이 터질 수 있으니 너무 뾰족하지 않은 것으로 문지르게 해주세요.

"동그라미를 그려볼까?"
"쓱~ 문지르니 그림이 그려지고 있어."

| 오감자극 TIP |

지퍼백 안에 물감 대신 면도크림이나 생크림을 넣어도 재미있는 촉감놀이를 할 수 있어요.

생후 13~18개월

보들보들 이불놀이

이불로 김밥을 만들어요

준비물 이불

'잘~~말아줘~ 잘~ 눌러줘.' 이 노래 아시죠? 자두의 '김밥'이에요. 이 노래를 부르니 문득 김밥이 먹고 싶네요. 왜 갑자기 김밥타령이냐고요? 재료가 필요 없는 김밥을 만들어 보려고요! 예쁘고 깨물어 주고 싶은 우리 아이 김밥! 이불 김밥 놀이를 할 거예요. 이불 하나로도 정말 재미있게 놀 수 있어요. 이불로 꽁꽁 몸을 눌러주어 아이가 편안함을 느낄 수 있고 데굴데굴 풀어서 굴리면 깔깔깔 웃음소리가 끊이지 않는답니다.

놀이 전 CHECK! CHECK!

- 아이가 꽉 안아주거나 몸이 꾹꾹 눌리는 느낌을 좋아하나요? Yes ☐ / No ☐
- 아이가 빙글빙글 돌아가는 활동을 무서워하지는 않나요? Yes ☐ / No ☐
- 아이가 마음껏 놀이를 할 수 있는 영역이 확보되어 있나요? Yes ☐ / No ☐

"김밥이 되었어요"

적당한 두께의 이불 끝에 아이를 눕게 한 후 천천히 돌돌 말아주세요. 반대편 끝까지 말고 꾹꾹 마사지하듯 눌러주세요. 실제로 엄마가 김밥을 마는 것처럼 흉내 내면 더 재미있어 할 거예요.

"우리 ○○이 김밥이 되어 볼까?"
"돌돌돌 김밥이 되어라."
"다 말았다. 꼭꼭꼭 누르면 맛있는 김밥이 완성됩니다."

"휘리릭~ 김밥을 풀자!"

이번엔 반대로 이불의 가장자리를 잡고 천천히, 또는 아이가 좋아할 만한 속도로 휘리릭 풀어주세요. 아이가 직접 인형을 활용하여 돌돌 말았다가 풀어주는 놀이도 아이의 신체 발달에 도움이 돼요.

"이젠 풀어 볼게. 휘리리리릭~"
"김밥이 풀려버렸네?"
"이번엔 ○○이가 한 번 해 볼까?"

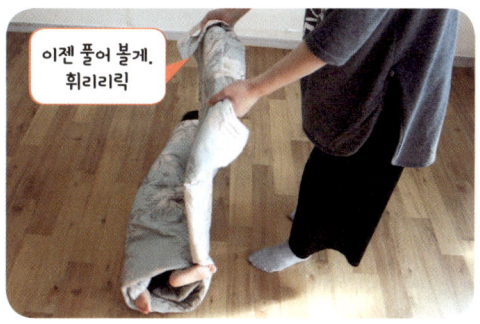

| 오감자극 TIP |
- 이불을 펼칠 때의 속도는 너무 빠르지 않게 아이의 표정을 살피면서 조절해주세요.
- 혹시라도 딱딱한 바닥에서 놀이를 하면 다칠 수 있으니 안전한 매트 위에서 해주세요.

👶 흔들흔들 이불그네

🧺 **준비물** 이불

해먹 타보신 적 있으신가요? 천이나 그물이 몸을 감싸면서 흔들흔들하면 잠이 스르륵 와요. 요즘은 신생아를 태울 수 있는 해먹도 나와 있더라고요. 이불 하나만 있으면 집에서도 해먹 놀이를 할 수 있어요. 아이의 무한 앵콜 덕분에 엄마, 아빠의 팔이 튼튼해지는 장점인 듯 단점 같은 해먹 놀이를 지금부터 즐겨보아요.

놀이 전 CHECK! CHECK!

- 아이가 그네나 흔들거리는 기구를 타는 것을 좋아하나요? Yes ☐ / No ☐
- 아이가 몸이 공중에 떠있거나 흔들릴 때 무서워하지는 않나요? Yes ☐ / No ☐
- 아이가 마음껏 놀이를 할 수 있는 영역이 확보되어 있나요? Yes ☐ / No ☐
- 놀이를 같이할 어른이 2명 이상 있나요? Yes ☐ / No ☐

"흔들흔들, 얼른 타세요. 출발합니다"

엄마, 아빠가 얇은 담요의 양쪽 끝을 잡고 아이는 그 안에 들어가서 누우면 돼요. 속도는 너무 빠르지 않게 엄마, 아빠가 노래를 불러주며 흔들흔들 좌우로 흔들어 주세요.

> "우리 〇〇이, 담요 그네 타보자."
> "흔들흔들, 어디까지 가시나요?"

| 오감자극 TIP |
좌우로 흔드는 속도는 너무 빠르거나 세지 않도록 하고 아이가 무서워하면 바로 놀이를 중단해주세요.

생후 13~18개월

조물조물 만득이 친구들

준비물 풍선, 깔때기, 밀가루, 콩, 쌀, 소금

조물조물 여러 가지 질감을 만져보며 오감놀이를 하면서도 손에는 묻지 않는 간단한 놀이예요. 촉감이 좋아서 자꾸 만져보고 싶어 할 거예요. 비슷하게 예전엔 만득이라는 장난감이 있었죠? 조물조물 정말 재미있었던 기억이 있어요. 풍선으로 이 만득이 장난감을 만들 수 있어요. 다양한 재료를 활용하여 만득이 풍선을 만들어 보기도 하고 안에 무엇이 들어 있나 같이 맞혀보는 퀴즈 시간도 가져보세요.

놀이 전 CHECK! CHECK!

- 아이가 만지고 탐색하는 놀이를 좋아하나요?   Yes ☐ / No ☐
- 아이가 낯선 재료를 만지거나 몸에 닿는 것을 좋아하나요?   Yes ☐ / No ☐
- 아이에게 소근육 활동이 필요한가요?   Yes ☐ / No ☐

"친구야, 안녕?"

엄마는 풍선 안에 깔때기를 이용해서 밀가루, 콩, 쌀, 소금 등 집에 있는 재료를 넣어주세요. 풍선에 얼굴을 그려놓으면 더 재미있어 할 거예요. 여러 가지 곡물이 담긴 풍선을 조물조물 마음껏 만져보아요. 재료마다 서로 다른 촉감을 느낄 수 있어 아이가 좋아할 거예요. 만약 아이가 풍선 속 재료를 궁금해 한다면 넣은 재료의 일부를 작은 컵에 덜어 보여주고 재료의 이름을 말해주세요.

"말랑말랑 재미있는 느낌이다."
"풍선을 쭈욱 늘리니 화 난 표정이 되었네?"
"이건 소금이야. 까칠까칠한 느낌이 나."

"무엇이 들어 있을까"

이번엔 재료를 넣은 풍선을 하나씩 만져보며 "무엇이 들어 있을까?"라고 말하고 컵에 덜어 놓은 재료를 함께 보며 재료 맞히기 놀이를 해 보세요.

"이건 느낌이 어땠어? 울퉁불퉁 무엇일까?"
"아하! 쌀이었구나."
"이건 무엇일까? 말랑말랑"
"아하! 밀가루였구나. 신기하다."

> **오감자극 TIP**
> - 눈으로 보지 않고 오직 손의 촉감으로 물건을 유추해 본 적 있으시죠? 이것을 입체 지각(stereognosis)이라고 하는데요. 입체 지각은 눈으로 보지 않은 상태에서 물건을 손으로 만지고 들어 올려 보며 모양과 중량을 추측해 보는 능력이에요. 이런 입체 지각과 촉감 감각 변별력이 우수해야 다양한 도구들을 그 쓰임새에 맞게 손을 자유롭게 조작할 수 있답니다. 만득이 놀이가 입체 지각을 키우는 데 도움이 돼요.
> - 깔때기 구멍이 작은 경우 플라스틱 페트병을 잘라 깔때기로 만들어 사용하면 쉽게 풍선 안에 곡물을 넣을 수 있어요.

CHAPTER 07
생후 19~24개월
아이 주도 놀이

이젠 제법 뛰기도 하고 혼자서 계단도 오르내리려고 하는 시기예요. 빨빨거리며 여기저기 잘도 돌아다니죠? 하루 종일 왔다 갔다 뭐가 그리 궁금한지 정신이 없어요. 또, 표현도 다양하게 하려고 하고 자신만의 취향도 생기기 시작해서 비위 맞추기 힘든 시기이기도 해요. 이 시기부터는 오감놀이, 미술놀이, 신체놀이 등 다양한 놀이를 지금까지보다 훨씬 주도적으로 할 수 있게 되고, 엄마, 아빠의 말을 이해하고 지시에 따르는 것도 가능하기 때문에 함께 놀이할 맛이 난답니다.

★★★ 생후 19~24개월 아이는요 ★★★

- 장난감을 잘 조작하며 놀 수 있어요.
- 걸어서 계단을 오르고 내릴 수 있어요.
- 발을 이용해 공을 찰 수 있어요.
- 소근육이 발달하여 혼자서 구슬 끼우기를 할 수 있어요.
- 걷고 기기에서 벗어나 달리기를 할 수 있어요.
- 블록 6개 정도를 한 번에 쌓아올릴 수 있어요.
- 문고리를 돌려 문을 열 수 있어요.

신체 발달

몸무게는 출생 시의 4배가 되고, 스스로 앉고, 서고, 넘어지지 않고 달릴 수도 있어요. 또, 눈과 손의 협응력이 발달하여 숟가락질을 잘할 수 있어요.

인지&언어 발달

- 시간의 개념을 이해할 수 있어요.
- 사용할 수 있는 어휘(약 30단어)가 늘어나 자신의 요구사항을 말하거나 상대를 부를 수 있어요.
- 대명사(나, 내)를 사용하기 시작해요.
- 기억해둔 다른 사람의 말과 행동을 흉내 내요.
- 모든 신체 부위를 알고 말할 수 있어요.
- 몇몇 익숙한 물건의 이름을 정확하게 말할 수 있어요.
- 호기심이 많아지면서 질문이 늘어나요.

사회성 발달

- 다른 사람의 행동을 따라해요.
- 5~10분 정도 혼자 색칠하기, 만들기 등을 하며 놀 수 있어요.
- 혼자서 옷 입기를 시도해요.
- 엄마처럼 인형에게 음식을 주거나 옷을 입히는 흉내를 내요.
- 또래의 친구들과 놀이를 하지만 상호작용이 많지는 않고, 장난감이나 물건을 다른 사람과 나누기는 어려워요.
- 무엇이든 혼자서 하려고 해요.
- '내 것'이라는 소유 개념이 생겨요.

생후 19~24개월 이렇게 놀아주세요

- 계단, 오르막길, 내리막길, 평균대 등 다양한 공간에서 놀 수 있도록 해주세요.
- 손으로 조작하고 노는 활동을 좋아해요. 붓, 크레파스, 색연필 등 다양한 도구를 사용하여 놀 수 있도록 해주세요.
- 오감놀이를 꾸준히 하면 엄마와의 애착 형성 증진과 유아의 스트레스를 줄여 줄 수 있어요.
- 물감 놀이로 다양한 색을 경험할 수 있도록 해주시면 좋아요.
- 이 시기는 모방 행동이 늘어나면서 역할놀이나 가상 놀이를 재미있어 할 시기예요. 주방 놀이, 공사장 놀이를 함께하면서 대화하면 언어 발달에도 도움이 될 거예요.

책 속 추천 놀이
- 가루야 가루야, 아이 좋아!_ P.159
- 종이컵놀이_ P.169
- 신문지놀이 종합 세트!_ P.179

생후 19~24개월 이렇게 대화하세요

- 아이가 말하고 싶어 하는 내용을 아이의 말에 덧붙여 다시 말해주세요.
  - 예) "부릉부릉.", "부릉부릉이는 지금 어디로 가고 있어?"
- 아이에게 부담을 줄 수 있는 "이게 뭐지?"라는 질문은 자제해주세요.
  - 아직은 길게 말하면 내용을 이해하기 어려운 시기이므로 중요한 내용은 "식탁에서 밥 먹자."처럼 세 단어 이내로 말해주세요.
- 아이가 잘못 말한 것을 고쳐 줄 때는 "그래."로 시작하며 아이의 말을 부정하지 않고 인정해준 후 올바르게 표현하는 방법으로 자연스럽게 말해주세요.
- 놀고 있을 때 아이가 하는 동작에 맞춰 의성어나 의태어를 많이 말해주세요. 물놀이할 때 물 떨어지는 소리는 "똑똑똑", 장난감을 돌릴 때는 "빙글빙글"처럼 말해주세요.
- 놀이를 할 때 아이가 탐색도 하기 전에 언어 자극을 과하게 주지 말고, 천천히 만지고 노는 동안 엄마는 조금씩 호응만 해주세요.

생후 19~24개월, **전문가 조언**

아이가 W자세로 앉는다면 올바른 자세로 바꿔주세요

아이의 발달상 스스로 앉기가 불안정할 때 'W자로 앉기'가 잠시 나타나기도 해요. 보통 앉기가 안정되고 걷기 시작하면서 몸통 근육이 발달하여 'W자로 앉기'는 점차 사라져요. 혼자 잘 앉아 있는데도 불구하고 계속해서 W자로 앉는다면 자세를 바꿔주는 것이 좋아요.

W자로 오래 앉게 되면 바른 자세를 위해 필요한 척추 주변의 근육과 배 근육에 전혀 긴장을 주지 않게 되어, 몸통 근육이 약해져 관절 또는 척추 발달에 문제가 생길 수 있어요. 무엇보다 골반과 무릎이 어긋나고 그 주변의 근육들에도 문제가 생겨 성장에 문제가 될 수도 있기 때문입니다. 또한 골반이 안쪽으로 잠기듯이 되어 있어 손을 뻗어 물건을 집거나 하는 움직임 반경이 좁아져 아이의 탐색 공간도 좁아지게 돼요.

아이가 W자로 앉기에 익숙해지면 체중을 옮기는 자세나 몸통 돌리기 등의 자세를 하지 못하게 되고, 이로 인해 몸통 근육이 약해져 바른 자세로 앉아서 학습이나 활동들을 하기 어려워져요. 뿐만 아니라 다리 근육의 발달에 방해가 되어, 허리와 골반의 통증을 유발할 수도 있어요. 그렇게 되면 아이의 놀이 발달과 인지 발달에도 영향이 있을 수밖에 없답니다.

올바른 자세는 각 나라의 문화와 생활습관에 따라 다르게 생각할 수도 있겠지만, 의자에 앉을 경우 발이 땅에 닿아야 하고, 무릎은 90도, 허리와 등이 의자에 밀착되는 자세가 좋아요. 우리나라는 바닥에 앉는 경우가 많기 때문에 아빠다리라고 하죠? W자세보다는 아빠다리로 앉아서 활동하게 해주세요.

이때, 몸통 근육, 대근육을 강화시키는 운동들도 함께해주면 더욱 좋아요. 운동들은 어렵지 않아요. 열심히 뛰고, 기어오르고, 잡아당기고 매달리고 미끄러지면서 놀고, 공을 던지고 차면서 노는 것만으로도 우리 아이의 대근육을 강화시킬 수 있답니다.

생후 19~24개월

가루야 가루야, 아이 좋아!

🧺 **준비물** 전분가루, 채반 또는 쟁반

밀가루, 전분가루, 쌀가루 등 오감놀이라면 빠지지 않는 것이 가루놀이죠? 정말 좋은 촉감놀이예요. 가루놀이는 놀 때는 좋은데 치우기가 힘들어 저는 최대한 치우기 쉬운 전분가루를 주로 사용해요. 전분가루는 하얀 눈을 밟는 것 같은 느낌이 나서 아이의 오감발달에 도움이 될 뿐만 아니라 물걸레질만 해도 대충 정리가 되어 뒷정리가 세상 편한 재료랍니다. 이것도 힘들다 하시면 화장실이나 욕조를 활용해 보세요.

놀이 전 CHECK! CHECK!

- 아이가 만지고 탐색하는 놀이를 좋아하나요?　　　　　　　　Yes ☐ / No ☐
- 아이가 전분가루 같은 재료를 만지거나 몸에 닿는 것을 좋아하나요?　Yes ☐ / No ☐
- 아이의 호흡기가 약하지는 않은가요?　　　　　　　　　　　Yes ☐ / No ☐
- 아이에게 자기 주도 놀이를 해주고 싶으신가요?　　　　　　Yes ☐ / No ☐
- 아이가 마음껏 놀이를 할 수 있는 영역이 확보되어 있나요?　Yes ☐ / No ☐

"뽀드득뽀드득 신기해요"

바닥에 비닐을 깔고 큰 대야 안에 가루를 부어 아이가 탐색할 시간을 주세요. 손으로 만져보고 눈처럼 떨어뜨려보거나 던지면서 아이 스스로 오감놀이를 할 수 있도록 해주세요.

탐색이 끝나면 자동차 장난감이나 모래놀이 삽을 아이에게 주세요. 삽으로 퍼서 자동차에 담아도 보고, 자동차를 굴려 가루를 배송하는 배송놀이도 해 보세요.

"하얀 가루네. 이건 전분가루야. 뽀드득뽀드득 느낌이 너무 좋다."
"가루 위로 자동차가 지나가니 바퀴자국이 생겼네?"
"삽으로 푹푹 떠서 자동차에 실어 볼까?"

"거미줄을 만들었어요"

채반에 전분가루를 담고 물을 약간 부어주세요. 질퍽한 채로 채반의 구멍을 통해 반죽이 떨어지는 것을 바로 확인할 수 있어요. 가루가 물을 만나 농도가 변하는 것을 보면 아이는 신기해해요.

"우리 가루에 물을 조금 넣어 볼까?"
"수리수리 마수리 마법의 거미줄아 나와라. 얍!"
"주룩주룩~ 거미가 줄을 타고 내려옵니다."

오감자극 TIP

- 가루를 사용하기 때문에 환기가 잘 되는 곳이나 화장실을 이용하는 것이 좋아요.
- 아이가 가루나 반죽을 만지기 싫어한다면 엄마가 만지고 노는 모습을 충분히 보여주세요. 엄마가 노는 모습을 통해 몸에 묻히는 놀이에 대한 거부감을 줄일 수 있고 보는 것만으로도 좋은 경험이 돼요.
- 가루에 물을 부을 때에는 아이의 의견을 먼저 물어보세요. 가루놀이를 더 하고 싶어 한다면 조금 더 시간을 주세요.

생후 19~24개월

알록달록 물감은 신세계예요

🧸 내 맘대로 색칠해 볼까?

🧺 **준비물** 물감, 붓, 물약병, 풍선, 장난감 자동차, 채소(당근, 파프리카 등), 종이

저는 아이가 물감놀이를 즐기는 시기가 이때부터라고 느꼈어요. 표현할 수 있는 부분도 늘어나고 도구들도 더 잘 다루더라고요. 이전 시기보다 색에 대한 다양한 경험도 줄 수 있고, 자기 주도 놀이로도 안성맞춤이랍니다. 집에서만큼은 문화센터에서 노는 순서적인 놀이가 아닌 하얀 도화지에 마음껏 색을 칠하고 찍기 놀이를 하면 창의력도 업! 오늘 하루 아이가 마음껏 표현하고 놀 수 있도록 도와줘 볼까요?

놀이 전 CHECK! CHECK!

- 아이가 만지고 탐색하는 놀이를 좋아하나요? Yes ☐ / No ☐
- 아이가 물감과 같은 재료를 만지거나 몸에 닿는 것을 좋아하나요? Yes ☐ / No ☐
- 아이에게 자기 주도 놀이를 해주고 싶으신가요? Yes ☐ / No ☐
- 아이가 마음껏 놀이를 할 수 있는 영역이 확보되어 있나요? Yes ☐ / No ☐

"내 손이 변했어요"

물약병에 물과 물감을 섞어서 아이에게 주세요. 아이가 알아서 물감이 들어 있는 물약병을 물총처럼 쏘거나 손, 발 등에 물감을 문질러보며 신나게 놀 거예요.

"이건 물감이야. 쭉 짜도 되고 붓으로 칠해 봐도 돼."
"○○이가 종이에 그림을 그려보자."
"○○이는 어떤 색이 좋아? 마음에 드는 색으로 칠해 볼까?"
"우리 ○○이 손이 파랗게 변했네?"

"콩콩 도장을 찍어보자"

접시에 물감을 짜 놓고 바람을 분 풍선, 장난감 자동차, 당근, 파프리카 등 집에 있는 재료를 준비해주세요. 재료에 물감을 묻혀 종이에 찍는 것이라고 설명만 해주시고 어떻게 하는지 지켜봐 주세요. 이제는 간단한 지시를 수행할 수 있는 시기이므로 엄마가 개입하지 않아도 알아서 잘 할 거예요. 종이에 찍힌 그림을 보고 엄마와 같이 대화를 해 주세요.

"○○이가 하고 싶은 것으로 물감에 콩 찍어서 종이에 찍어보면 돼."
"자동차가 지나가니 파란색 길이 생기네?"
"풍선을 콩콩 찍으니 동글동글 공 모양이 되었어."

| 오감자극 TIP |

- 엄마는 재료를 준비하고 간단하게 방법만 설명해주세요. 중간 개입을 줄이고 아이의 놀이에 호응해주는 정도의 역할만 해주면 돼요.
- 우리 아이가 무엇을 그리고 색칠하든 정답은 없어요. 위험한 상황이 아니면 자유롭게 놀 수 있도록 지켜봐주세요. 커다란 종이 위를 물감으로 가득 채우는 것도 대단한 일이랍니다.
- 한 가지 재료만 찍고 논다고 억지로 다른 재료로 바꾸도록 유도하지 마세요. 다른 재료로 찍어보게 하고 싶다면 엄마가 다른 재료를 찍는 모습만 보여주면 아이도 엄마를 따라하려고 할 거예요.

🔺 동글동글 얼음물감

🧺 **준비물** 물감, 풍선, 전지

무더운 여름. 외출하기도 힘든 날씨에 물놀이도 매번하니 지루하죠? 색다른 여름놀이를 소개해 볼게요. 동그란 얼음물감을 만든 후 쓱쓱 문지르고 굴려보는 과정을 통해 멋진 그림을 그려보면 어느새 더위는 싹~ 물러갈 거예요. 더운 여름이지만 북극 못지않은 시원한 놀이를 시작해 볼까요?.

놀이 전 CHECK! CHECK!

- 아이가 만지고 탐색하는 놀이를 좋아하나요?   Yes ☐ / No ☐
- 아이가 물감과 같은 재료를 만지거나 몸에 닿는 것을 좋아하나요?   Yes ☐ / No ☐
- 아이에게 자기 주도 놀이를 해주고 싶으신가요?   Yes ☐ / No ☐
- 아이가 마음껏 놀이를 할 수 있는 영역이 확보되어 있나요?   Yes ☐ / No ☐

"앗, 차가워!"

풍선 안에 물감을 짜고 물을 채운 후 조물조물 만져 물감을 풀어준 다음 냉동실에 얼리면 돼요. 반나절 또는 하루 정도 얼리면 풍선 얼음 준비 끝! 먼저, 풍선을 벗기지 않은 상태에서 만져보고, 그 후에 엄마가 풍선을 벗겨 주세요. 동그란 얼음을 전지 위에 굴려보며 놀도록 유도해주세요.

"풍선이네. 한 번 만져볼까? 딱딱하고 차갑다."
"얼음 풍선을 굴려보자. 데굴데굴"
"우아! 얼음이 녹으면서 멋진 그림이 나오네?"

"자꾸자꾸 작아져요"

어느 정도 그림을 그린 후에 따뜻한 물에 넣고 얼음이 녹는 것을 지켜보세요. 아이는 이 과정을 통해 얼음이 물에 녹는다는 사실을 인지할 수 있어요.

"얼음은 물에 닿으면 녹아서 점점 작아져."

| 오감자극 TIP |

- 물풍선보다는 일반 풍선을 사용해주세요. 물풍선은 잘 터져서 자칫 잘못하면 물감을 뒤집어 쓰는 대참사가 일어날 수 있거든요.
- 단단한 얼음이기 때문에 사람에게 던지면 위험할 수 있으니, 놀이를 시작하기 전에 던지지 않도록 아이에게 미리 당부해주세요.
- 얼음이 녹으면서 미끄러질 염려가 있으니 안전한 곳에서 놀이를 해주세요.

활용놀이 풍선 안에 아이가 좋아하는 작은 피규어나 레고를 넣고 물을 담아 얼려 빙하기 놀이를 해도 좋아요. 얼음을 깨거나 물에 녹여 얼음 안에 있는 장난감을 구해주는 놀이로 활용하면 좋아할 거예요.

생후 19~24개월

폴더매트 하나면 에너지 분출 완료!

🧺 **준비물** 폴더매트, 미끄럼 방지 고무

아이의 안전과 층간소음 방지를 위해 장만한 폴더매트. 신혼 때의 모던한 인테리어를 한 순간 안드로메다로 날려버린 애증의 물건이죠. 아이만 마음껏 뛰어 놀 수 있다면 인테리어가 대수겠어요? 이 놀이 매트 하나면 재미있는 실내 놀이터가 될 수 있다는 사실 아시나요? 에너지 넘치는 아이라면 백이면 백 좋아하는 놀이랍니다.

놀이 전 CHECK! CHECK!

- 아이가 터널처럼 작은 공간에 들어가 통과하는 것을 좋아하나요? Yes ☐ / No ☐
- 아이가 평소 에너지도 많고 활동적인 놀이를 좋아하나요? Yes ☐ / No ☐
- 아이가 마음껏 놀이를 할 수 있는 영역이 확보되어 있나요? Yes ☐ / No ☐

"터널이 생겼어요"

폴더매트를 가운데 부분만 솟아오르게 한 후 무너지거나 미끄러지지 않도록 양쪽 끝을 엄마, 아빠가 잡아주세요. 매트의 한쪽을 벽에 붙여서 안전하게 해주셔도 좋아요. 아이가 엉금엉금 기어 터널을 통과할 수 있도록 해주세요. 노래를 곁들여 주면 더 신나게 터널을 빠져나올 수 있겠죠?

"어? 여기 터널이 있어. 들어가 봐도 괜찮아."
"정글숲을 지나서 가자. 엉금엉금 기어서 가자."
"까꿍! OO가 어디 있지? 탈출~~!"

"등산을 시작했어요"

매트의 솟아오른 부분을 산이라 생각하여 올라가려고 하는 아이도 많아요. 대부분의 아이들은 올라가는 것을 본능적으로 좋아하기 때문에 기어 올라가서 미끄럼틀처럼 주르륵 내려올 거예요. 엄마는 다치지 않도록 옆에서 잘 지켜봐주기만 하세요.

"오~ 잘 올라간다. 영차영차"
"아래로 내려갑니다~ 주르르르륵"

| 오감자극 TIP |
- 미끄럼 방지 고무를 사용한다 하더라도 안전한 놀이를 위해 매트를 잘 잡아주세요.
- 에너지를 분출할 수 있는 놀이는 알게 모르게 쌓여 있는 스트레스를 풀 수 있어 아이에게 도움이 돼요.

생후 19~24개월

쌓고, 부수고, 건너고 우리 집은 체육관

 종이 블록놀이

준비물 종이 블록

매번 키즈카페에 가기도 힘들고 집에 있는 경우가 많죠? 집에만 있어서 좀이 쑤셔 하는 아이를 위해 종이 블록 놀이를 해 보세요. 가내수공업(?)처럼 일일이 블록을 접어야 하는 단점은 있지만 생각보다 튼튼하고 한 번 만들어주면 여러 가지로 활용도도 높아서 오래 쓸 수 있을 뿐만 아니라, 창의적인 놀이도 가능해요. 오밤중에 남편과 둘이 나란히 앉아 하루 동안 있었던 일들을 이야기하며 종이 블록을 접어보세요. 나름 의미 있는 시간이 될 거예요.

놀이 전 CHECK! CHECK!

- 아이에게 소근육 활동이 필요한가요? — Yes ☐ / No ☐
- 블록 쌓기를 할 수 있나요? — Yes ☐ / No ☐
- 아이가 균형잡기에 어려움이 있어 대근육 활동 놀이가 필요한가요? — Yes ☐ / No ☐
- 아이가 마음껏 놀이를 할 수 있는 영역이 확보되어 있나요? — Yes ☐ / No ☐
- 아이가 평소 에너지도 많고 활동적인 놀이를 좋아하나요? — Yes ☐ / No ☐

"스트레스 안녕~"

블록은 쌓는 놀이가 기본이죠. 열심히 쌓고 기차처럼 길게 줄을 세워보기도 하면서 자기만의 멋진 건물을 만들 수 있는 시간을 주세요. 엄마는 상상하지 못했던 다양한 모양이 나타날 거예요. 다 만들었다면 화끈하게 부숴보는 기회를 주세요. 집 안에만 있어 축적되어 있던 에너지와 스트레스를 한 방에 날려버릴 수 있어요.

"블록을 ○○이 마음대로 높이 쌓아보자. 정말 멋지다."
"이건 어떤 모양이야? 마트 갈 때 타는 버스야? 신기하다."
"이제 이 블록을 부숴도 괜찮아. 하나, 둘, 셋! 빠샤!"

"조심조심 건너가요"

아이가 종이 블록 위로 올라가서 평균대처럼 건너갈 수 있도록 해주세요. 블록의 너비가 좁다면 블록 2개를 붙여 넓게 해주세요. 엄마와 손을 잡고 건너도 좋고 혼자 건너도 좋아요. 만약 혼자서 건너기를 원한다면 블록의 길이를 짧게 해 아이의 성취감을 높여주세요.

"천천히 나무 다리를 건너가 볼까?"
"살금살금 잘 건너가네? 돌아서 엄마한테 와 보세요."

"자동차를 구해주세요"

종이 블록으로 간단한 미로를 만들어주세요. 블록이 흐트러지지 않고, 몸에 닿지 않을 정도의 넓이로 만들면 돼요. 아이가 좋아하는 장난감을 도착점에 놓고 장난감을 찾으러 갈 수 있도록 유도해주세요. 동기부여가 되어 더 재미있어 할 거예요.

"자동차가 미로 속에 갇혀 있대. 우리 얼른 자동차를 구하러 가보자."
"조심조심~ 블록에 닿지 않게 잘 가야 해."
"우와! ○○이가 위험에 빠진 자동차를 구해줬네. 고마워."

| 오감자극 TIP |
- 자신이 정성들여 만든 것을 부수는 것을 싫어하는 아이도 있어요. 그럴 때는 굳이 부수는 과정까지는 하지 않으셔도 돼요. 아이의 의견을 존중해주세요.
- 미로는 너무 어렵지 않게 만들어 아이의 성취감을 높여주세요.

🧸 종이컵놀이

준비물 종이컵, 책, 볼풀공 또는 작은 블록

음료수나 물을 마시던 작은 종이컵. 실생활에서 손쉽게 구할 수 있는 이 작은 종이컵은 가격도 착해 신체놀이, 미술놀이 등등 다양하게 응용해서 놀 수 있는 유용한 재료랍니다. 종이컵을 이용하여 소근육, 대근육 발달은 물론, 집중력에 좋은 놀이를 해 볼까요? 스트레스도 한방에 팍팍 날려버릴 수도 있는 종이컵놀이를 시작해 볼게요.

놀이 전 CHECK! CHECK!

- 아이에게 소근육 활동이 필요한가요?   Yes ☐ / No ☐
- 아이가 균형잡기에 어려움이 있어 대근육 활동 놀이가 필요한가요?   Yes ☐ / No ☐
- 아이가 마음껏 놀이를 할 수 있는 영역이 확보되어 있나요?   Yes ☐ / No ☐
- 아이가 평소 에너지도 많고 활동적인 놀이를 좋아하나요?   Yes ☐ / No ☐

"쏙쏙쏙 빼고 넣어 보자"

아이에게 종이컵 한 묶음을 주고 혼자서 하나씩 뺄 수 있도록 해주세요. 그리고 뺀 종이컵 안에는 작은 블록이나 공을 하나씩 넣어 봐요. 소근육 발달은 물론 간단한 숫자 놀이도 할 수 있답니다. 굉장히 단순한 놀이지만 아이는 재미있어 해요.

"쏘오옥~~ 쏙쏙~ 종이컵을 하나씩 빼자~"
"빨간공 하나~ 파란공 하나~"

"피라미드가 만들어졌어요"

종이컵을 뒤집어 겹겹이 쌓아서 높게 올려볼 수 있어요. 또, 종이컵의 간격을 띄워서 사이사이 쌓아 피라미드 모양으로 올려 보는 것도 좋아요. 종이컵의 간격을 띄워 쌓으면 부술 때 시각적 효과가 커서 재미있어 한답니다.

"종이컵을 위로 쌓아 볼까? 삼각형 모양이 되었네?"
"부쉬도 돼. 와르르르르"

"살금살금 건너가 보자"

이번엔 과학의 원리가 숨어 있는 놀이를 해 볼까요? 종이컵 위에 책을 올린 후 그 위를 밟고 건너 볼게요. 책의 모서리 부분에 종이컵을 놓으면 힘이 분산되어 아이가 올라가도 구겨지지 않고 버틸 수 있어요. 책 위로 좋아하는 장난감 자동차를 굴려보면서 자동차 놀이를 해도 재미있어요.

"종이컵 하나를 밟으면 금방 구겨지네."
"어? 네 개밖에 안 되는데 안 무너지네?"
"부릉부릉, 다리를 지나갑니다."
"빵빵, 제가 먼저 지나갑니다. 비켜주세요."

오감자극 TIP

- 종이컵 안에 블록이나 공을 꼭 한 개씩 넣지 않아도 돼요. 처음에는 방법만 알려주고 아이가 다른 방법으로 해도 칭찬해주세요.
- 엄마와 함께 아이가 쉽게 만들 수 있는 도형의 모양을 만들어 볼 수 있도록 유도하는 것도 좋아요. 이미 아이는 모양에 대해 인지하고 있기 때문에 쉽게 만들어 볼 수 있을 거예요.
- 종이컵 사이사이에 다른 종이컵을 쌓는 것을 힘들어 할 수도 있어요. 한두 개만 해 보도록 하거나 엄마, 아빠가 놓아주고 아이는 부수는 것만 해도 좋아요.
- 아직 어린 아이에게 과학의 원리를 자세하고 길게 설명해주는 것보다는 몸으로 체험하는 것만으로도 많은 도움이 돼요. 설명은 간단히 해주세요.
- 책 위를 건널 때 균형을 잡기 어려워하면 엄마가 손을 잡아 주세요.

생후 19~24개월

쏙쏙 집게놀이

준비물 휴지심, 젖병집게, 색 스티커 또는 색종이, 바구니, 작은 통

저는 모유 수유를 했지만 모유량이 많아 유축을 해야 해서 젖병과 소독기, 젖병집게가 집에 있어요. 수유가 끝나고 밥을 먹기 시작하면서 이젠 쓸 일이 없어진 젖병집게를 멋진 소근육 장난감으로 탄생시켜볼까요? 집게손이 되어 재미있는 놀이도 하면서 소근육 발달과 협응, 집중력도 높일 수 있는 좋은 놀이이므로 꼭 해 보세요. 독후 활동으로도 안성맞춤인 놀이랍니다.

놀이 전 CHECK! CHECK!

- 아이에게 소근육 활동이 필요한가요?　　　　　　　　　　　　　　　Yes ☐ / No ☐
- 아이가 마음껏 놀이를 할 수 있는 영역이 확보되어 있나요?　　　　　Yes ☐ / No ☐
- 색깔에 대해 알려주신 적이 있나요?　　　　　　　　　　　　　　　　Yes ☐ / No ☐

"휴지심을 잡아보자!"

젖병집게를 양손으로 잡고 바닥에 있는 휴지심을 집어서 통 안에 넣어주면 돼요. 쉽죠? 바닥에 넓게 펼쳐주시면 걸어 다니면서 휴지심을 집으려고 할 거예요. 놀이에 스토리를 만들어주면 더 흥미를 보일 거예요. 휴지심에 다양한 얼굴 표정을 그려주고, 특정 표정을 골라 담을 수 있도록 해도 좋아요.

"데굴데굴 휴지심이 굴러갔네.
우리 ○○이가 잡아줄래?"
"잡았다~ 우리 ○○ 집게손이 되었네?"
"웃는 표정만 골라서 담아 볼까?"
"꽃게랑 똑같다."

"같은 색깔끼리 착착착 넣자!"

이 시기에는 색깔에 관심이 늘어나고 분류의 개념도 생기기 시작해요. 아이와 놀면서 자연스럽게 색과 수학 개념을 익힐 수 있는 놀이를 해 볼게요. 휴지심 각각에 원색(빨강, 파랑, 노랑)의 스티커나 색종이를 붙여주세요. 아직 다양한 색깔 이름을 알지 못하니 너무 많은 색을 사용하지는 말아주세요. 바구니의 바닥에도 각 빨강, 파랑, 노랑으로 종이를 붙여 표시해주세요. 놀이 전 아이에게 색깔을 하나씩 알려준 후 엄마가 젖병집게로 휴지심을 잡고 휴지심과 같은 색깔의 바구니에 넣는 시범을 보여주세요. 아이는 엄마를 따라 같은 색깔끼리 모아줄 거예요.

"이건 빨간색이야. 이건 파란색, 이건 노란색이야."
"똑같은 색깔끼리 모아보자."
"빨간색은 빨간색끼리~"
"파란색은 파란색끼리 착착착~"

| 오감자극 TIP |

- 휴지심 외에도 집게로 들어 올릴 수 있는 가벼운 물건이나 장난감을 놀이에 활용해도 좋아요.
- 분류놀이 전 색깔에 대해 충분히 알려주고 시작해주세요.
- 처음부터 많은 수를 사용하기보다는 1~2개 색깔 정도만 사용하고, 차차 개수를 늘려보세요.
- 저자 추천 도서 : 샤방샤방 그림책 시리즈 멋지다 멋져!(글 홍은미, 그림 최다혜/별똥별), 해피 차일드애플 잠자는 바다의 비밀(글·그림 구니마쓰 에리카/스마일북스), 해피 차일드애플 새우들의 소풍(글·그림 이토 도리코/스마일북스), 돌잡이 수학 담아봐요 착착착(천재교육)

생후 19~24개월

나는야 멋진 강태공!!!

🧩 둥둥 떠다니는 뚜껑을 구출하라!

🧺 **준비물** 플라스틱 뚜껑, 뜰채 또는 거름망채

여름에 아이와 장난감 물고기 잡기 놀이 많이 해 보셨죠? 시중에 판매되는 자석으로 착 붙여서 잡는 놀잇감도 좋지만 아직 손가락 조절이 완벽하지 않은 어린 아이들이 하기 어려울 수 있어요. 주변에서 쉽게 구할 수 있는 플라스틱 뚜껑을 물에 둥둥 띄워서 건져보는 놀이는 어떨까요? 재활용품 놀이라 환경사랑의 의미도 있고 병뚜껑을 물고기나 다른 바다생물이라고 상상하며 낚시를 하면 창의적인 놀이가 되겠죠?

놀이 전 CHECK! CHECK!

- 아이에게 소근육 활동이 필요한가요?　　　　　　　　　　　Yes ☐ / No ☐
- 아이가 마음껏 놀이를 할 수 있는 영역이 확보되어 있나요?　Yes ☐ / No ☐
- 아이가 앉아서 하는 놀이에 흥미가 있나요?　　　　　　　　Yes ☐ / No ☐
- 아이에게 자기 주도 놀이를 해주고 싶으신가요?　　　　　　Yes ☐ / No ☐

"나는야 강태공"

생수병이나 음료수병의 플라스틱 뚜껑을 모은 후 깨끗이 씻어 물이 담긴 작은 대야에 넣고 뜰채로 떠서 잡으면 돼요. 어렵지 않게 물고기를 잡을 수 있어 성취감을 얻을 수 있어요.

"물고기가 둥둥~ 뚜껑이 떠다니고 있어."
"물고기를 잡아서 더 깨끗한 물로 옮겨 주자."
"잡았다! 접시에 옮겨보자."

| 오감자극 TIP |

- 도구 사용이 어렵다면 손으로 잡아도 된답니다.
- 뜰채는 자석으로 하는 낚시보다 크기가 커서 아이들이 쉽게 잡을 수 있어요.

멸치 낚시를 해 보자!

준비물 국물용 마른 멸치, 뜰채 또는 거름망채, 파란색 물감

저는 수족관을 다녀오거나 물고기가 나온 책을 읽고 난 후에 이 놀이를 가끔 해줘요. 바로 "멸치놀이!" 장난감 물고기를 가지고 노는 것보다 훨씬 재미있어 해요. 정말 낚시하는 기분이 드는 것 같기도 하고요. 멸치를 만져보며 자연스럽게 오감놀이도 하고 자연관찰 놀이도 되는 재미있는 멸치 낚시 놀이를 함께해 보아요.

놀이 전 CHECK! CHECK!

- 아이가 만지고 탐색하는 놀이를 좋아하나요?   Yes □ / No □
- 아이가 식재료를 만지거나 몸에 닿는 것을 좋아하나요?   Yes □ / No □
- 아이에게 소근육 활동이 필요한가요?   Yes □ / No □
- 아이에게 자기 주도 놀이를 해주고 싶으신가요?   Yes □ / No □

"이건 무슨 물고기일까?"

멸치는 작은 멸치보다는 국물용 큰 멸치가 좋아요. 아이가 직접 만져보고 생김새를 관찰해 보면서 말놀이를 하기에 수월한 큰 멸치를 선택해주세요. 작은 바구니에 파란 물감을 조금 넣고 물을 넣어 바다색을 만들고, 그 안에 멸치를 넣어주세요.

"이건 바다에 사는 멸치야. 이건 '눈'이고 이건 '꼬리'야."
"멸치는 바다에 산다고 했지?"
"여기 파란색 바닷물이 있네? 우리 멸치들을 물속에 넣어보자."

"오늘은 어부가 되어 볼까요?"

바닷물 위에 둥둥 떠있는 멸치를 충분히 관찰했다면 작은 뜰채나 거름망채로 멸치를 잡아보세요. 멸치를 잡아서 맛있는 반찬을 만들어보자고 이야기를 하면서 아이의 놀이를 이끌어주세요.

"우리 이걸로 멸치를 잡아 볼까?"
"○○이가 멸치를 잡아주면 오늘 저녁에 맛있는 반찬을 만들어줄게."
"우아~~ 잡았다. 월척이다!"

| 오감자극 TIP |
도구 사용이 어렵다면 손으로 잡아도 좋아요.

생후 19~24개월

한 발씩 점프!
쿠션놀이

🧺 **준비물** 쿠션 또는 베개

이 시기의 아이들은 넘치는 에너지로 집에서도 쿵쾅쿵쾅 뛰는데 층간소음 때문에 걱정이에요. 매번 입 아프게 뛰지 말라고 해도 "네!"라고 대답하는 동시에 또 뛰고 에휴~ 잔소리도 너무 지겨워요. 아래층에 죄송하기도 하고요. 오늘은 층간소음에 대한 걱정을 조금이나마 덜 수 있는 놀이를 해 볼게요. 폭신폭신한 쿠션을 밟으면 균형 감각도 좋아지고 트램펄린을 뛰는 것처럼 참 좋아해요. 살짝 먼지가 날 수도 있지만 이 시간만큼은 집에서 마음껏 뛸 수 있으니 아이는 너무 행복하겠죠?

놀이 전 CHECK! CHECK!

- 아이가 마음껏 놀이를 할 수 있는 영역이 확보되어 있나요?   Yes ☐ / No ☐
- 먼지가 날 수 있어요. 환기가 잘 되는 곳인가요?   Yes ☐ / No ☐
- 균형잡기 연습이 필요한 놀이를 원하시나요?   Yes ☐ / No ☐
- 아이가 평소에 에너지도 많고 활동적인 놀이를 좋아하나요?   Yes ☐ / No ☐

"신나게 달려보자"

쿠션이나 베개를 원하는 모양으로 바닥에 놓아주세요. 원을 만들어도 되고 길게 일자로 만들어도 돼요. 쿠션 위를 마음껏 뛰어 보고 잡기 놀이를 하면서 쌓인 스트레스도 풀 수 있어요. "그대로 멈춰라" 노래에 맞추어서 신나게 건너다가 멈추는 놀이도 해 보아요.

"○○이 잡으러 간다~ 잡았다."

"즐겁게 춤을 추다가 그대로 멈춰라!"

오감자극 TIP
- 쿠션이나 베개 밑에 두툼한 매트를 깔면 층간소음을 더 확실하게 줄일 수 있어요.
- '그대로 멈춰라' 놀이는 신나게 뛰다가 정해진 타이밍에 멈추는 놀이기 때문에 규칙을 배울 수 있어요.
- 쿠션을 밟고 다니는 놀이지만 넘어질 수 있으니 안전에 신경 써주세요.
- 쿠션이나 베개에서 먼지가 많이 날 수 있으니 환기가 잘 되는 넓은 곳에서 해주세요.

생후 19~24개월

신문지놀이 종합 세트!

🧺 **준비물** 신문지, 테이프

'신문'하면 아빠가 소파에 앉아 펼쳐서 보시던 모습이 떠올라요. 날짜 지난 신문 위에 엄마랑 나물 다듬으며 수다를 떨었던 기억도 나고요. 또, 종이접기도 하고 돗자리로 활용을 하기도 했어요. 팔방미인 신문이에요. 요즘은 대부분 인터넷으로 기사를 접하다보니, 종이신문을 보는 집이 많이 줄어들었다고 하죠? 신문지는 바스락거리는 소리도 좋고 결대로 잘 찢어지고 얇아서 놀이하기에 딱 좋은 재료예요. 잉크 냄새가 나면 환기가 잘 되는 곳에 두었다가 사용하면 돼요.

놀이 전 CHECK! CHECK!

- 아이가 마음껏 놀이를 할 수 있는 영역이 확보되어 있나요?   Yes ☐ / No ☐
- 아이에게 소근육 활동이 필요한가요?   Yes ☐ / No ☐
- 아이가 평소에 에너지도 많고 활동적인 놀이를 좋아하나요?   Yes ☐ / No ☐

"아뵤~~ 난 격파왕!"

엄마, 아빠가 신문지 한 장 또는 반 장을 양쪽에서 팽팽하게 잡고 아이가 손으로 격파하듯이 칠 수 있도록 해주세요. 신문이 시원한 소리를 내며 찢어질 거예요. 신문의 가운데를 약간 찢어주거나 종이를 세우지 않고 가로로 눕혀서 들어주면 아이가 좀 더 격파하기 쉬울 거예요. 또, 신문지 놀이의 기본은 찢기죠. '북북' 소리를 내며 마음껏 찢고 뿌리고 구겨보아요. 잘 안 찢어질 경우 엄마가 가장자리를 조금만 찢어주면 혼자서도 잘 찢을 거예요.

"하나 둘 셋! 격파!"
"우아, 힘이 정말 세다."
"찌지직~ 부욱! 너무 잘 찢는다."

"신문지 커튼을 지나가보자"

박스테이프를 공중에 붙이고 그 위에 찢은 신문지를 붙여주세요. 신문 밑을 통과하기 놀이나 까꿍놀이를 하면 돼요.

"엉금엉금 기어서 가자."
"우리 ○○이가 어딨나. 까꿍~"

"슛~! 골인!"

놀이가 끝난 후 신문지를 버리기 전에 눈처럼 동그랗게 뭉친 후 던지기 놀이를 해 볼까요? 작은 통을 놓고 던져서 골인시키는 놀이도 아이에게 성취감을 심어줄 수 있어 좋아요.

"이얏 받아라."
"던진다. 슛."

생후 19~24개월

후후~ 불며 구강 운동을 해요

🧺 **준비물** 종이, 탁구공 또는 폼폼이 같은 가벼운 물건

하루가 다르게 말이 느는 것을 보면 깜짝깜짝 놀라요. 말하는 걸 계속 익히려고 반복하고, 종종 외계어도 섞여 있지만 하루 종일 종알종알 말하는 게 정말 귀엽죠? 우리가 말을 하려면 인지 능력과 더불어 호흡, 발성, 입 안과 주변의 근육들을 적절하게 사용해야 해요. 놀이를 통해 우리 아이의 언어 발달에 도움이 되는 활동을 해 볼까요? 재미는 기본 옵션이고요.

놀이 전 CHECK! CHECK!

- 아이가 불기, 빨기 같은 구강 활동을 익숙하게 할 수 있나요?   Yes ☐ / No ☐
- 아이의 말하기에 도움을 주는 활동을 찾고 있나요?   Yes ☐ / No ☐

"후~ 종이가 날아갔어요"

이 시기보다 더 어린 개월 수도 할 수 있는 재료를 활용하여 종이를 불어 볼까요? 종이를 잘게 찢어서 엄마 손에 놓고 아이가 '후~'하고 불어 볼 수 있도록 해주세요. 적은 바람으로도 쉽게 날아가서 성취감을 얻을 수 있답니다. 종이보다 더 가벼운 휴지를 활용해도 좋아요.

"길게 후~우~~~하고 불어 보자."

"우와, 정말 멀리 날아갔어."

"불고 또 불고"

아이의 진행 방향 맞은 편에 작은 상자 같은 것을 두고 탁구공이나 폼폼, 휴지 등 가벼운 물건을 바닥에 놓은 후 후후 불면서 골인을 시켜 보는 놀이를 해주세요. 언어 발달을 위한 자극은 물론 폐활량도 쑥쑥 키울 수 있을 거예요.

"영차영차 힘내!"

"후~우~~불고 골인!"

| 오감자극 TIP |

- 불기는 입 주변의 근육이 자극되고 발음, 호흡 연습을 하기에 좋은 활동이에요. 언어 발달에 도움이 되는 활동이니 자주 해주는 게 좋아요.
- 언어 발달을 위해 엄마와 자주 대화하고 책 읽는 활동을 병행해주면 좀 더 자극이 되어 좋아요.

생후 19~24개월

쭉쭉 늘어나는 스타킹놀이

🧺 **준비물** 스타킹, 볼풀공 또는 장난감

한두 번만 입어도 쉽게 올이 나가 버리는 스타킹. 정말 너무 아까워요. 올이 나간 스타킹은 버리기 전에 비누 조각들을 넣어 비누로 사용하거나 여러 방법으로 재활용해 보셨을 거예요. 올이 나간 스타킹을 놀이 재료로 한 번 활용해 볼까요? 스타킹은 촉감도 좋고 잘 늘어나서 재미있는 놀이 재료가 될 수 있어요. 이리저리 늘려보고 다양한 물건을 넣어보며 엄마, 아빠와 즐거운 시간을 가져보세요.

놀이 전 CHECK! CHECK!

- 아이가 마음껏 놀이를 할 수 있는 영역이 확보되어 있나요?   Yes ☐ / No ☐
- 아이가 활동적인 놀이를 좋아하나요?   Yes ☐ / No ☐
- 아이에게 소근육 활동이 필요한가요?   Yes ☐ / No ☐

"영차영차 줄다리기!"

엄마가 한쪽을 잡고 다른 한쪽은 아이가 잡은 후 점점 뒤로 가며 스타킹의 길이를 늘려봐요. 스타킹은 신축성이 좋아 쭉쭉 잘 늘어날 거예요. 스타킹을 놓치지 않기 위해 꽉 잡는 과정을 통해 손의 힘도 길러질 거예요.

"쭉쭉쭉~ 늘어난다. 길게"
"길어진다~ 길어진다~"
"이제 손을 놓아 볼까? 하나 둘 셋 탕!!"

"촉감 인형을 내 손으로?!"

스타킹 안에 아이가 좋아하는 장난감이나 볼풀을 넣어 길게 만들어 봐요. 여러 개를 연속하여 넣으면 애벌레 모양처럼 돼요. 아이들이 자주 가지고 노는 촉감 인형과 비슷하답니다. 이 과정에서 아이가 쉽게 장난감을 넣을 수 있도록 스타킹의 입구를 벌려주세요.

"스타킹 안에 ○○이가 넣고 싶은 것을 넣어보자."
"쏙쏙 잘 넣네."
"우아~ 애벌레가 되었네?"

│ 오감자극 TIP │

- 스타킹을 목에 감지 않도록 잘 지켜봐주세요.
- 줄다리기를 하다가 뒤로 넘어질 수도 있으니 안전하고 넓은 장소에서 놀이를 해주세요.
- 스타킹 놀이는 재료를 구하기 쉽고 보들보들한 촉감 때문에 아이들이 참 좋아해요. 또, 잘 늘어나고 변형도 쉬워 다양하게 놀 수 있는 놀이 재료랍니다.

08 CHAPTER

생후 25~36개월
아이 주도 놀이

두 돌이 넘어가면서 자기 주장은 더 세지고, "싫어!", "안 해!"를 입에 달고 살며 본인 마음에 안 들면 징징 모드가 다시 시작되는 시기죠. 떼 부리기, 강철 체력으로 낮잠 안 자고 버티기까지 보태서 엄마의 다크서클은 또 늘어 가요. 매번 잊을만 하면 찾아오는 질풍노도의 시기 그리고 '미운 네 살' 힘드시죠? 그 마음 제가 다 압니다. 알아요. 그래도 조잘조잘 말을 하기 시작하니 제법 대화도 되는 것도 같고, 가끔 엄마 마음을 이해해 주는 것도 같아서 다 용서돼요. 우린 어쩔 수 없는 도치맘이란 걸 실감하게 되죠. 아이 티를 벗고 어린이가 되어가는 우리 아이를 잘 다독거리며 어린이 대우를 해주면 다시 예쁜 우리 아이로 돌아와 엄마를 안아주며 사랑한다고 말해줄 거예요.

생후 25~36개월 아이는요

- 우세손(잘 쓰는 손)이 확립되기 시작해요.
- 블록 8개 이상을 한 번에 쌓을 수 있어요.
- 머리 위로 공을 던질 수 있어요.
- 미끄럼틀과 같은 놀이 기구에 기어오를 수 있어요.
- 발을 교대로 사용하여 계단을 오르내릴 수 있어요.
- 발에 힘이 생겨 세발자전거를 탈 수 있어요.
- 발가락에 힘이 생겨 발끝으로 설 수 있어요.
- 점프하기, 잠깐 동안 한 발로 서기가 가능해요.
- 그리기, 구슬 끼우기, 4~5조각 퍼즐 맞추기를 할 수 있어요.

신체 발달

운동 기능이 발달하여 점프하기 활동이 가능해지고, 소근육의 발달로 단추를 채우고 지퍼 잠그기 등을 시도할 수 있어요. 또한, 배변 훈련이 완료되어 대부분 대소변을 가릴 수 있게 돼요.

인지&언어 발달

- 말의 대부분을 이해할 수 있어요.
- 간단한 지시를 수행하고, 간단한 질문에 대답할 수 있어요.
- 물건의 크기, 양을 인지하기 시작해요.
- 유사함을 인지하며 비슷한 것끼리 분류할 수 있어요.
- 여러 가지 신체 부위를 알고 말할 수 있어요.
- 배설 전후 자신의 욕구를 말로 표현해요.

사회성 발달

- 다른 아이들과 함께 있지만 서로 혼자 놀기도 하고 잠시 비슷한 활동을 함께하기도 해요.
- 자신의 물건에 대한 소유욕과 애착이 생겨요.
- 다른 사람의 도움을 받아 옷을 스스로 입을 수 있어요.
- 타인의 요구를 이해하고 행동할 수 있어요.
- 다른 사람의 감정을 이해할 수 있어 위로를 표현하기도 해요.

생후 25~36개월 이렇게 놀아주세요

- 균형 감각이 생겨서 점프하기와 같은 움직임에 자신감이 생기는 시기예요.
- 놀이터나 산책을 많이 다니세요. 충분히 밖에서 뛰어 노는 것이 좋아요. 자연스럽게 또래 아이들과 어울려서 놀 수 있도록 해주어 사회성을 키워주세요.
- 상상놀이, 역할놀이에 푹 빠질 시기이니 청소, 요리, 시장 놀이 등을 함께해주세요.
- 독후 활동을 잘 이해하고 재미있어 하는 시기예요. 책과 연계된 활동을 통해 더욱 책을 좋아하고 기억에 오래 남을 수 있도록 독후 활동을 많이 해주세요.
- 두 돌 이후부터는 각종 체험할 수 있는 것들이 풍성해지는 시기예요. 뮤지컬, 연극, 체험전, 박물관, 미술관 등을 많이 다녀주세요. 이해하지 못해도 돼요. 경험이 다 생각하고 많이 다니시기를 권합니다.

책 속 추천 놀이
- 폭신폭신 아빠크림놀이_ P.189
- 돌돌돌 휴지로 스트레스를 풀어요_ P.221
- 싹둑싹둑 가위놀이_ P.228

생후 25~36개월 이렇게 대화하세요

- 자기 고집이 생기면서 엄마와 트러블이 생길 수 있는 시기예요. 훈육을 할 때는 무조건 "안 돼!"보다는 이유를 차분히 설명하고 부드럽게 타일러주세요.
- 가르치려 하지 마세요. 놀이를 하면서 자연스럽게 공감을 하며 말만 해주셔도 충분해요. 예 "와~ 파란 자동차 갖고 노는 구나.", "블록이 엄마 것보다 크네?"
- 이 시기의 아이는 호기심이 많고 궁금한 것도 많아요. 아이가 충분히 납득할 수 있을 때까지 대답해주세요. 가끔 당황스러운 질문을 할 때도 있어요. 당장 대답하기 힘든 질문은 꼭 나중에 함께 책을 찾아보면서 말해주세요.
- 대화를 하다가 문법에 안 맞거나 더듬거나 '어~'하며 뜸을 들인다면 "그렇구나." 하면서 말을 정리해주세요.
- 아이가 탐색도 하기 전에 언어 자극을 과하게 주지 마시고 천천히 만지고 노는 동안 엄마는 옆에서 호응만 해주세요.

우세손이 왜 중요한가요?
왼손잡이 아이, 오른손 쓰기를 가르쳐야 할까요?

만 2~3세 무렵이 되면 손 조작 기능이 자연스럽게 발달해요. 이 시기부터 우세손이 확립되기 시작하고 만 10세 정도면 완전하게 우세손이 결정돼요. 우세손은 흔히 '밥 먹는 손'이라고도 하며, 더 많이 자주 쓰는 손을 말해요. 우세손이 중요한 이유는 소근육 활동 시 한 손을 더 우세하게 쓰면서 다른 손은 보조를 해주는 역할을 해야 손을 더 정교하게 사용할 수 있기 때문이에요. 또, 손은 뇌와 밀접한 관련이 있는 신체 부위이기 때문에 손을 좀 더 잘 쓰고 다양하게 써야 뇌 발달에 많은 영향을 준답니다.

전 세계 인구의 대부분은 오른손이 우세손이라고 해요. 때문에 옛날에는 왼손잡이 아이가 있으면 잔소리를 하시는 분들이 많았었죠. 무슨 큰 병이라도 걸린 것처럼 걱정하는 어른들이 많았어요. 지금은 예전보다는 많이 줄었지만 아직도 왼손잡이에 대한 편견을 가지고 계신 분들이 있더라고요. 또, 오른손잡이 위주로 대부분의 시설이나 용품들이 형성되어 있어 우세손이 왼손인 아이를 둔 엄마, 아빠들은 우세손을 바꿔주어야 하나 고민을 하는 경우도 있어요.

하지만 아직 어린 개월 수의 아이에게 왼손에 대한 부정적인 인식을 심어주고, 억지로 오른손으로만 쓰도록 강요하는 훈련은 좋지 않아요. 어린 나이에 왼손잡이를 오른손잡이로 강제로 교정하려고 할 경우 양손 모두 소근육 발달이 저하될 수 있고, 읽기 능력 저하나 우울증 등과 같은 심리적 부작용이 발생할 수 있으니 주의가 필요해요.

오른손이 좋다? 왼손이 좋다? 정답은 없어요. 어느 손이 우세손이든 아이가 편하고 많이 사용하는 손 위주로 써야 소근육 발달과 뇌 발달에 긍정적인 영향을 줄 수 있답니다. 우선 지켜봐 주시고 여러 가지 물건을 만지고 조작하면서 경험의 폭을 늘려주세요.

생후 25~36개월

폭신폭신 아빠크림놀이

🧺 **준비물** 면도크림(쉐이빙폼), 플라스틱 통, 플레이콘 또는 퐁퐁, 빨대, 파스텔, 물약병, 채반

아빠가 보면 깜짝 놀랄 놀이를 해 볼까요? 아빠가 매일 쓰는 쉐이빙폼을 이용한 놀이예요. 쉐이빙폼은 느낌이 참 좋죠. 퍼포먼스 미술놀이 수업과 감각 통합 치료 기법으로 많이 사용하는 재료랍니다. 놀이 한 번 하고 나면 아빠가 쓸 게 없어지는 그런 상황이 발생할 수도 있지만, 그래도 아이의 호응이 폭발적이라 주기적으로 해주는 앵콜 놀이 중 하나예요. 여기서 잠깐, 쉐이빙폼과 파스텔의 특성상 놀이 공간이 엉망진창이 될 거라는 마음의 준비를 미리 해두셔야 할 거예요. 아이가 놀이를 통해서 만들기에 흥미를 느끼고 촉감을 느끼는 것을 재미있어 하는 것을 보고 있으면 '청소쯤이야'라는 마음이 드실 수도 있어요.

놀이 전 CHECK! CHECK!

- 아이가 쉐이빙폼과 같은 재료를 만지거나 몸에 닿는 것을 좋아하나요? Yes ☐ / No ☐
- 아이가 만지고 탐색하는 놀이를 좋아하나요? Yes ☐ / No ☐
- 아이에게 자기 주도 놀이를 해주고 싶은가요? Yes ☐ / No ☐
- 아이가 마음껏 놀이를 할 수 있는 영역이 확보되어 있나요?
  - 환기가 잘 되는 곳 Yes ☐ / No ☐
  - 미끄러져도 다치지 않는 곳 Yes ☐ / No ☐
- 아이의 피부에 알레르기 반응은 없나요? Yes ☐ / No ☐

"몽글몽글 아빠놀이"

바닥에 큰 비닐을 깔고 쉐이빙폼을 짜서 만져볼 수 있게 해주세요. 아이가 손가락에 힘이 있다면 쉐이빙폼을 직접 짜 보는 것도 좋아요. 자신의 힘으로 거품을 짜면 대단한 것을 해냈다는 생각에 더 신나해요.

> "이건 뭘까?"
> "이건 아빠가 뾰족뾰족 수염을 없앨 때 쓰는 거야."
> "한 번 만져볼까?"
> "우아~ ○○이의 손과 발이 하얗게 변했네?"
> "미끌미끌하네. 춤을 추는 것 같아. 함께 스케이트도 타보자."
> "미끌미끌 주르르륵~"

"파티셰가 되어 볼까요?"

쉐이빙폼 탐색 시간을 충분히 가졌다면 케이크를 만들기 위해 플라스틱 통을 엎어 놓고 그 위에 쉐이빙폼을 발라주세요. 쉐이빙폼을 다 짜버렸다면? 바닥에 있는 폼을 손으로 긁어모아 플라스틱 통에 발라도 좋아요.

> "이걸 가지고 멋진 케이크를 만들어 볼까?"
> "하얗고 보들보들한 케이크가 만들어졌네!"

"생일 축하합니다~!"

케이크 위에 장식을 해 볼게요. 다양한 재료들을 아이 앞에 놔 주세요. 준비한 재료들(뽕뽕이, 플레이콘, 빨대) 중 아이가 좋아하는 것을 선택해 꾸며보며 이야기를 나누어보세요. 파스텔은 가루를 내서 물약병에 미리 넣어주시면 돼요.

> "○○이가 하고 싶은 대로 마음껏 꾸며보자."
> "퐁퐁은 떼구르르 굴러가기도 하고 폭신폭신하고 알록달록하네?"
> "알록달록 설탕이 뿌려졌네.(파스텔가루)"

| 오감자극 TIP |

- 쉐이빙폼이 없다면 대신 휘핑크림을 활용해도 좋아요!
- 재료가 미끄럽기 때문에 놀이를 할 때 주의를 기울여주세요.
- 아이가 재료를 충분히 만지고 느낄 수 있는 시간을 주세요. 꼭 다음 단계로 넘어가지 않아도 돼요. 아이의 의사를 존중해주세요.

활용놀이

- 화장실에서 놀이를 한다면 거울에 문지르거나 그림을 그려보세요.
- 작은 통에 쉐이빙폼을 가득 짠 후 그 위에 몇 가지 색의 물감을 뿌려 섞기 놀이를 하면 마블링 놀이가 돼요.
- 물이 닿아도 되는 장난감이나 자동차에 쉐이빙폼을 바르고 세척, 세차하는 놀이는 인기 만점이에요.

생후 25~36개월

오늘은 내가 엄마의 **보조 요리사**

🧺 **준비물** 크래미, 달걀, 콩나물, 조리 도구

문화센터에서 자주 하는 요리놀이! 집에서도 어렵지 않아요. 거창한 재료를 준비하고 순서에 맞게 요리를 완성하지 않아도 아이는 요리를 한다는 것 자체만으로도 재미를 느끼고, 식사시간에 자신이 도와 완성한 음식이 올라오면 굉장히 뿌듯해해요. 식사준비 시간에 아이 따로 엄마 따로 있지 마시고 작은 부분이라도 아이와 함께해 보는 것은 어떨까요? 요리시간이 꽤 오래 걸릴 수는 있지만 역할놀이, 식재료 탐색놀이를 할 수 있어 1석 2조의 효과를 얻을 수 있는 생각보다 괜찮은 놀이랍니다. 요리시간이 조금 길어지면 어때요. 세상 즐거운 아이의 표정을 생각하면 만사 오케이!

놀이 전 CHECK! CHECK!

- 아이가 만지거나 먹었을 때 알레르기 반응이 있는 음식은 없나요?   Yes ☐ / No ☐
- 아이가 만지고 탐색하는 놀이를 좋아하나요?   Yes ☐ / No ☐
- 아이가 식재료를 만지거나 몸에 닿는 것을 좋아하나요?   Yes ☐ / No ☐
- 아이가 마음껏 놀이를 할 수 있는 영역이 확보되어 있나요?   Yes ☐ / No ☐
- 식사 전 요리를 할 수 있는 충분한 시간이 있나요?   Yes ☐ / No ☐
- 아이에게 소근육 활동이 필요한가요?   Yes ☐ / No ☐

"요리사가 되었어요"

저는 가끔 크래미로 요리를 해줘요. 결대로 찢어서 채소와 함께 볶거나 달걀말이에 넣어 주면 너무 잘 먹거든요. 간단하게 즐길 수 있는 카나페를 만들어도 되고요. 크래미를 흐르는 물에 씻은 후 아이에게 주어 찢어 달라고 요청해주세요. 재료 손질보다 입에 들어가는 게 더 많을 수도 있지만 먹으려고 요리하는 거잖아요. 괜찮아요.

"요렇게 작게 찢어주세요."
"쭉쭉~ 잘 찢는다."
"먹어도 좋아. 어떤 맛이 나는지 먹어 볼까?"

"달걀을 풀어주세요"

엄마가 달걀을 깨서 그릇에 담아주세요. 아이에게 포크와 같은 도구를 주어 휘휘 저으면서 달걀을 잘 풀어달라고 요청해주세요. 달걀의 노른자가 톡톡 터지는 모습을 굉장히 신기해할 거예요.

"달걀을 빙글빙글 휘휘 저어주세요."
"노른자를 톡톡 터트렸네."
"흘리지 않게 천천히~"

"오밀조밀 손가락을 움직여요"

우리 아드님은 콩나물 대가리 먹는 것을 싫어해요. 전 나물 다듬기를 귀찮아하고요. 혼자서 다듬고 있으면 너무 심심하거든요. 이럴 때 아이에게 도움을 요청해 도란도란 이야기를 하며 함께 다듬어 보세요. 아이는 엄마를 도와줄 수 있다는 사실에 굉장히 뿌듯할 거예요. 도와주는 것이 안 도와주느니만 못하지만 같이 눈을 보며 이야기꽃을 피울 수 있는 시간이 될 거예요.

"콩나물 대가리랑 뿌리랑 껍질을 떼 주세요."

"똑똑, 콩나물을 다듬자~ 재미있는 소리가 나는 거 같아."
"○○이가 도와주니 엄마가 쉽게 요리를 할 수 있게 되었네. 고마워."

| 오감자극 TIP |

- 보조 요리사인 만큼 짧은 시간만 투자해도 돼요. 너무 길어지면 엄마가 요리하기 힘들잖아요? 요령이 생기면 엄마는 요리를 하고 옆에 앉아서 제대로 보조 역할을 해줄 날이 올 거예요.
- 가스 불을 사용하는 요리를 아이와 함께하는 것은 자제해주세요. 아직 움직임이 미숙하여 자칫 사고가 날 위험이 있어요.

활용놀이

손질하고 남은 재료로 오감놀이를 할 수도 있어요. 덤프 트럭 자동차를 가져와서 음식 재료를 실어 나르는 택배 아저씨 놀이를 해 보세요. 음식물 쓰레기로 버리기 전에 놀잇감으로 충분히 활용해 보세요.

생후 25~36개월

알록달록 테이프놀이

준비물 마스킹테이프

마스킹테이프는 종이테이프인데 잘 붙고 잘 떨어질 뿐만 아니라, 끈적임도 없어 아이와 놀이하기 좋은 재료 중 하나예요. 색 종류도 다양해 색에 대한 개념도 함께 배울 수 있답니다. 아이들은 붙이고 떼는 놀이를 너무 좋아할 뿐만 아니라 소근육, 대근육을 함께 발달시킬 수 있어요. 우리 집 방바닥이 멋진 도화지로 변신하는 모습을 볼 수 있는 재미있는 놀이! 치우기도 쉽고 다양하게 놀 수 있는 마스킹테이프를 활용한 놀이를 함께해 볼까요?

놀이 전 CHECK! CHECK!

- 아이에게 소근육 활동이 필요한가요? Yes ☐ / No ☐
- 아이가 마음껏 놀이를 할 수 있는 영역이 확보되어 있나요?
  - 바닥에 마스킹테이프를 붙여도 되는 곳 Yes ☐ / No ☐
- 아이에게 자기 주도 놀이를 해주고 싶은가요? Yes ☐ / No ☐

"어디까지 갔니?"

테이프는 동그란 심이 있어서 세워서 굴리면 굴러가요. 굴려보고 놀면 자연스럽게 도형의 원리를 알 수 있답니다. 엄마와 누가누가 멀리 굴리나 내기를 해 보세요.

"이건 테이프야. 동글동글하지?"
"데굴데굴 굴러가네? 잡아서 굴려보자."
"누가누가 멀리 굴리나 시합해 볼까?"

"예술가로 변신했어요"

엄마가 마스킹테이프를 찢어주면서 바닥에 붙여 볼 수 있도록 해주세요. 자동차가 다닐 수 있는 길이 만들어질 수도 있고, 삐죽삐죽 멋진 나무가 탄생할 수도 있어요. 엄마 눈에는 아무런 의미도 없는 그림일 수 있겠지만 아이에게는 특별한 작품이라는 것을 기억하고 함께 호응해주세요. 모양을 의도하셔도 좋고 자기 주도 놀이를 원하시면 아이가 붙이고 싶은 곳에 마음대로 붙이게 해주세요.

"테이프는 끈적끈적해서 어디든 붙일 수 있어."
"착착 잘 붙이네?"
"빠방이가 지나가는 길이 만들어졌어."
"나뭇가지가 쭉쭉, 예쁜 나무가 만들어졌어."

"쭈우욱~ 즐거워요"

정리도 재미있는 놀이가 될 수 있다는 사실! 여기저기 붙인 마스킹테이프의 끝을 살짝 떼 아이가 잡기 쉽게 만들어주세요. 아이는 잡고 떼기만 하면 되겠죠? 다 떼어내면 공처럼 뭉쳐 몸에 붙인 후 춤을 추며 흔들어서 떼기를 해 보아도 좋아요.

"찌지직 잘 뗀다."
"동글동글 공으로 만들었어."
"○○이 몸에 착 붙었네? 흔들흔들 떨어져라."

| 오감자극 TIP |

- 아이가 잘 떼어 낼 수 있도록 길이를 짧게 하여 바닥에 붙이고, 한쪽 끝은 엄마가 살짝 접어서 잡기 쉽도록 해주세요.
- 아이가 자신의 몸에 붙이는 것을 싫어한다면 엄마 몸에 붙여 떼어내는 놀이나 바닥에 붙여 뗄 수 있도록 놀이를 바꿔주세요. 모든 놀이는 아이 위주로 해야 한다는 것 꼭 기억해주세요.

활용놀이

길 따라 부릉부릉 마스킹테이프로 도로 모양을 만들어주세요. 2차선 도로도 좋고, 4차선 도로도 좋아요. 중간중간 횡단보도를 만들어줘도 좋겠죠? 장난감 자동차를 가져와 엄마와 함께 테이프 길을 따라 달려보고 횡단보도 앞에서는 멈추는 놀이를 해 보세요. 자연스럽게 도로와 횡단보도의 개념을 익힐 수 있답니다.

생후 25~36개월

치카치카, 양치놀이

🧺 **준비물** 페트병, 못 쓰는 칫솔, 치약, 수성 사인펜 또는 물감

양치하기 싫어하는 아이. 요리조리 도망다니고, 양치하기 싫다고 떼 부리고… 양치할 때마다 전쟁치르시는 분 많으시죠? 어려서부터 규칙적인 양치 습관을 들이지 않으면 커서도 힘들더라고요. 뭐 이렇게 신경 써야 할 게 많은지 말이에요. 익숙해질만 하면 새로운 미션이 생기는 육아의 세계란 참 어려워요. 그래도 양치는 절대 포기할 수 없는 생활습관이니 관련 책도 보고 놀이도 하며 이 닦기의 중요성과 즐거움을 알려주는 방법을 알아보아요. 무서운 치과는 그만! 쉽고 재미있는 양치놀이를 해 보세요.

놀이 전 CHECK! CHECK!

- 아이에게 양치 습관을 들여주고 싶은가요? Yes ☐ / No ☐
- 아이의 생활습관을 잡아주는 놀이가 필요한가요? Yes ☐ / No ☐
- 아이가 앉아서 하는 놀이에 흥미가 있나요? Yes ☐ / No ☐

"아야, 치과 가기 싫어요"

음료수 페트병 중 바닥 모양이 올록볼록한 것이 있어요. 그 밑부분을 잘라 엎으면 꼭 어금니처럼 생겼답니다. 신기하죠? 아이와 같이 잘 지워지는 수성 사인펜이나 물감으로 충치를 표현해주세요.

"치카치카, 양치를 잘 안 하면 어떻게 될까?"
"맞아! 입 안에 있는 세균이 이를 갉아먹어서 까맣게 만든대."
"정말 까맣게 되네? 아이고 무서워!"

"세균맨을 물리쳐라! 얍!"

못 쓰는 칫솔에 치약과 약간의 물을 묻혀 까맣게 칠한 페트병을 닦아주세요. 아이가 세균을 물리치는 것처럼 실감나게 상황극 놀이를 해주면 더 좋아하겠죠? 이가 깨끗해지는 과정을 아어가 눈으로 직접 관찰할 수 있도록 해주세요.

"우리 세균을 물리치러 가자."
"치약을 묻히고~ 치카치카치카~"
"무서운 세균이 사라지면서 이가 깨끗해지고 있어!!"

"이제 건강해졌어요"

종이컵에 물을 담아 페트병 위에 뿌리면 다시 깨끗한 어금니가 나타나는 것을 보여주세요.

"물로 입 안을 헹구자."
"이야~~다시 하얘졌네?"
"우리도 치카치카 같이 해 볼까?"

입에 있는 세균이 이를 갉아먹어서 이를 까맣게 만든대.

엄마, 저도 양치했어요.

| 오감자극 TIP |

- 이 놀이는 실제로 치과에 방문하기 전, 치과를 친숙하게 느낄 수 있도록 아이가 직접 의사 선생님이 되어 페트병으로 썩은 이를 치료하는 역할놀이로 해주면 좋아요.
- 놀이를 통해 양치질이 재미있는 활동이라는 인식을 심어줌으로써 아이가 스스로 올바른 양치 습관을 기를 수 있어요.
- 놀이 전에 아이와 함께 거울로 자신의 이를 관찰하는 시간을 가지면 놀이를 더 쉽게 이해할 수 있을 거예요. 하단의 저자 추천 도서 목록을 참고하여 아이와 함께 책을 본 후 독후 활동으로 활용해도 좋아요.
- 저자 추천 도서 : 곰곰이 생활동화 시리즈 이 닦을래요(글 손정원, 그림 심미아/더큰), 칫솔 열차 나가신다! 치카 치카(글·그림 쿠보 마치코/현암주니어), 치카치카 뽀로로와 양치해요(키즈아이콘), 샤방샤방 그림책 시리즈 뽀얀 얼굴, 하얀 이(글 홍지연, 그림 임일수/별똥별), 건강생활 에이스(글 전숙현, 그림 민유경/미래엔아이세움), 감기벌레는 집 짓기를 좋아해(글·그림 미우/노란돼지)

활용놀이

쓱싹쓱싹 치실놀이 유치도 하루에 한 번 정도 치실을 사용해줘야 한다는 사실 아시나요? 치아 사이에 있는 음식물들은 양치를 해도 빠지지 않는 경우가 많아요. 이가 벌어져 있으니 치실 사용은 안 해도 되겠지라고 생각하는 분들도 있겠지만 꼼꼼하게 치실을 함께 사용해주면 충치를 예방할 수 있답니다. 페트병으로 만든 치아를 2~3개 이처럼 서로 붙이고 페트병 치아 사이에 클레이를 넣어 음식물이 낀 것처럼 연출해주세요. 집에 있는 두꺼운 실이나 털실을 두 손으로 잡고 쓱쓱 문질러 클레이(음식물 찌꺼기)를 빼내면 돼요. 두 손으로 실을 사용하여 음식물 찌꺼기를 빼내는 과정을 통해 아이의 소근육은 자동으로 발달하게 된답니다.

생후 25~36개월

005 자연과 함께 놀아요

🧸 데굴데굴 자연물 미술놀이

🧺 **준비물** 도토리 또는 솔방울, 작은 종이 상자, 흰 종이, 접시, 물감

가을이 되면 숲에서 작은 도토리나 솔방울을 쉽게 구할 수 있어요. 오늘은 자연물을 가지고 재미있는 미술놀이를 해 볼게요. 구슬에 물감을 묻혀 굴려 보는 물감놀이를 많이 해 보셨을 텐데요. 오늘은 아이와 함께 주워 더 기억에 남을 자연물을 활용하여 놀이를 해 볼게요. 아이는 엄마와 산책을 했던 기억도 떠올리면서 즐거운 미술놀이도 하고 멋지게 그리려고 노력하지 않아도 굉장한(?) 결과물을 얻을 수 있어서 좋아할 거예요. 참고로 도토리는 작은 동물들의 겨우내 먹이이니 너무 많이 줍지는 마세요.

놀이 전 CHECK! CHECK!

- 아이가 만지고 탐색하는 놀이를 좋아하나요?   Yes ☐ / No ☐
- 아이가 물감과 같은 재료를 만지거나 몸에 닿는 것을 좋아하나요?   Yes ☐ / No ☐
- 아이에게 소근육 활동이 필요한가요?   Yes ☐ / No ☐
- 솔방울, 도토리 등을 구할 수 있는 장소가 있나요?   Yes ☐ / No ☐
- 아이에게 자기 주도 놀이를 해주고 싶은가요?   Yes ☐ / No ☐

"데굴데굴, 다람쥐가 찾아왔어요"

엄마와 도토리 굴리기 게임을 해 봐요. 엄마와 마주보고 방바닥에 도토리를 굴리면서 잡기 놀이를 하고, 누가누가 멀리 도토리를 굴리나 시합도 해 보세요.

> "아까 낮에 산책하면서 주워온 도토리랑 솔방울이야."
> "도토리는 동글동글해서 굴러다닐 수 있대."
> "우리 한 번 굴려볼까. 엄마가 먼저 해 볼게."
> "누가누가 멀리 굴리나. 시작~!"
> "데굴데굴 굴러간다. 잡아라~"

"신기한 그림이 그려졌어요"

도토리와 솔방울의 탐색이 끝나면 본격적으로 그림을 그려볼까요? 작은 종이 상자에 흰 종이를 붙이고, 작은 접시에 물감을 짜 준비해주세요. 짜 놓은 물감 위에 도토리나 솔방울을 넣어 물감을 묻혀 주고, 상자에 넣어 두 손으로 이리저리 움직이면 멋진 그림이 완성돼요. 어떻게 굴리느냐에 따라 기상천외한 모양이 나오는 것을 보여주세요.

> "데굴데굴~ 도토리가~ 어디서 왔나~"
> "기울이고~ 기울이고~ 신기한 그림이 그려지네?"
> "멋진 그림을 그리는 화가가 되었어요."

> **오감자극 TIP**
>
> 놀이를 하면서 엄마와 산책했던 기억을 떠올릴 수 있도록 아이와 이야기를 나누어보세요. 엄마의 말을 이해하고 대답할 수 있는 시기이므로, 적절한 언어 자극은 아이의 발달에 도움이 돼요.
> "엄마랑 같이 산에 갔었을 때 기분이 어땠어?"
> "우리 산에 가서 귀여운 다람쥐도 봤었지?"

나뭇잎 얼굴을 만들어 볼까요?

 **준비물** 풀, 종이 상자 또는 두꺼운 종이

호기심 많은 아이와 쉬엄쉬엄 산책을 다니다보니 길가에 작은 꽃, 나무, 풀까지 참 다양하더라고요. 어렸을 때는 분명 저도 아이처럼 하나하나 관심을 가졌을 텐데, 어른이 되면서 무심코 지나쳤던 것 같아요. 아이가 이것저것 관심을 가지고 관찰하게 되면서 옆에 있던 저도 덩달아 다시 꽃과 풀을 유심히 보게 됐어요. 정말 흔하게 보는 풀과 꽃 중에 생각보다 생태교란종이 많더라고요. 생태교란종을 조금 꺾어와 놀이에 활용해 보는 것도 좋을 것 같다는 생각이 들었어요. 몇 가지 종류의 식물들을 꺾어와 자연물을 활용한 두 번째 놀이를 시작해 볼까요?

놀이 전 CHECK! CHECK!

- 아이가 눈, 코, 입의 명칭과 위치를 알고 있나요?   Yes ☐ / No ☐
- 아이에게 소근육 활동이 필요한가요?   Yes ☐ / No ☐
- 풀, 들꽃 등을 구할 수 있는 장소가 있나요?   Yes ☐ / No ☐
- 아이가 앉아서 하는 놀이에 흥미가 있나요?   Yes ☐ / No ☐

"자연과 함께 놀았어요"

아이와 산책하면서 꺾어온 풀과 꽃들을 물티슈로 닦아서 주고 탐색할 시간을 주세요. 꽃과 풀을 구분하고, 색의 개념을 익힐 수 있도록 간단하게 설명해주세요.

"아까 산책할 때 가져온 풀과 꽃이네. 향기를 맡아 볼까?"
"이 초록색 풀은 정말 길다."
"노란색, 하얀색 꽃이네?"

"눈, 코, 입을 찾아라"

종이 상자나 두꺼운 종이를 얼굴 모양으로 동그랗게 오려 준비하고, 꽃과 풀을 이용하여 눈, 코, 입을 표현해주세요. 놀이를 하기 전 책이나 거울을 보면서 눈, 코, 입의 위치와 생김새를 미리 학습한 후 얼굴을 꾸미면 더 수월하게 만들 수 있어요.

"우리 이걸로 누구 얼굴을 만들어 볼까?"
"꽃이 동글동글한 눈이 되었네?"
"길쭉한 코~"
"안녕? 나뭇잎 친구야."

| 오감자극 TIP |
- 책이나 거울을 보면서 얼굴의 형태와 눈, 코, 입을 미리 알아 볼 수 있는 시간을 가지면 놀이에 더 흥미를 느낄 거예요.
- 꼭 얼굴이 아니어도 돼요. 아이가 만들고 싶은 것을 만들도록 해주세요. 엄마 주도가 아닌 아이 주도 놀이가 더 좋아요.

🔴 선캐처를 만들어요

🧺 **준비물** 종이접시, 투명 시트지 또는 투명 박스테이프, 풀, 꽃잎, 낙엽, 스티커, 끈

선캐처(Suncatcher)라는 단어를 들어보신 적 있으신가요? 생소하신 분들도 있으실 것 같아요. 선캐처는 창문을 장식하는 색유리라고 생각하면 돼요. 햇빛이 통과하면서 멋진 색을 뿜내는 인테리어 장식이랍니다. 이 선캐처를 집에서도 쉽게 만들어 볼 수 있어요. 자연물을 이용하기 때문에 사계절 내내 즐길 수 있는 놀이이기도 해요. 봄에는 벚꽃 잎을 붙이고, 여름에는 싱그러운 풀, 가을에는 낙엽, 겨울에는 솔나무잎으로 만들어 볼 수 있어요. 모든 자연물이 좋은 재료가 될 수 있답니다. 자연을 우리 집에 초대해 보세요.

놀이 전 CHECK! CHECK!

- 아이에게 소근육 활동이 필요한가요? Yes ☐ / No ☐
- 풀, 꽃 등을 구할 수 있는 장소가 있나요? Yes ☐ / No ☐
- 아이에게 자기 주도 놀이를 해주고 싶은가요? Yes ☐ / No ☐
- 아이가 앉아서 하는 놀이에 흥미가 있나요? Yes ☐ / No ☐

"가을 향기가 물씬"

집 주변 또는 공원, 숲에 산책을 가 풀이나 꽃, 낙엽들을 가져와 물티슈로 닦아준 후 하나씩 살펴보며 무엇을 가져왔는지 이야기를 나눠보세요. 계절마다 서로 다른 느낌의 자연물을 구할 수 있으니 때마다 자연물을 관찰할 기회를 주고 아이가 쉽게 이해할 수 있도록 잘 설명해주세요. 이 시기에는 바깥 활동을 자주 해주는 것이 아이의 정서 발달에 도움이 된답니다.

"엄마랑 밖에서 가져온 예쁜 꽃과 풀, 낙엽이네?"
"분홍색 꽃에서는 향기도 난다. 그치?"
"나뭇잎은 원래 초록색인데 날씨가 추워져서 빨간색, 노란색으로 옷을 갈아입었대."

"햇빛에 반짝, 나뭇잎 액자"

종이접시의 안쪽을 칼로 동그랗게 오리면 구멍이 생겨요. 이 구멍에 투명 박스테이프나 투명 시트지를 붙이고 끈끈한 부분에 주워 온 식물들을 붙여주세요. 종이접시 주변을 스티커로 꾸며주세요. 마지막으로 접시의 위쪽에 끈을 달아 창문에 붙여주면 예쁜 선캐처가 완성돼요.

"착착 잘 붙네?"
"빨간 잎도 붙이고 초록 잎도 붙여보자."
"알록달록 스티커도 붙이니 더 예뻐졌다."
"창문에 붙여볼까? 너무 근사하다."

| 오감자극 TIP |

- 놀이를 하면서 산책했던 기억을 떠올릴 수 있도록 아이와 이야기를 나눠보세요.
- 풀과 꽃, 스티커를 테이프에 붙이는 과정은 소근육과 집중력 발달에 도움을 주어, 인지 발달에 도움이 돼요. 이 시기의 아이들에게는 생활 속 모든 자극들, 보고 듣고 만지는 모든 것들이 생활이자 놀이가 된답니다.

생후 25~36개월

반짝반짝 야광 파티 타임!!!

신나는 야광봉 파티

 준비물 야광팔찌, 야광봉, 풍선, 빈 페트병, 공

심심한 주말 밤, 자기에는 아깝고, 잠도 오지 않을 때가 있죠? 오늘은 밤에 하기 딱 좋은 놀이를 소개할게요. 여행 가서 온 가족이 함께해도 재미있는 야광봉 놀이입니다. 콘서트 장에 가면 야광봉, 야광팔찌를 끼고 재밌는 시간 보내잖아요. 엄마들 소싯적에 야광봉 열심히 흔들어 보셨던 분들 많으시죠? 이때의 기억을 되살려 야광봉을 활용하여 우리 집을 멋진 파티장으로 만들어 볼게요. 단, 자기 직전 늦은 밤은 곤란해요. 아이들이 안 자려고 하거든요. 그럼 지금부터 멋진 파뤼타임~!

놀이 전 CHECK! CHECK!

- 아이가 어두운 곳을 무서워하지는 않나요?   Yes ☐ / No ☐
- 아이가 마음껏 놀이를 할 수 있는 영역이 확보되어 있나요?   Yes ☐ / No ☐

"매일이 불금이에요"

야광팔찌를 꺾어 빛이 나게 하고 풍선 안에 집어넣은 후 크게 불어 묶어주세요. 불을 끄면 멋진 야광풍선이 된답니다. 풍선을 흔들흔들 흔들어 보아요. 어두운 방 안에서 빛나는 야광풍선을 흔들며 노래를 부르고 신나게 춤도 춰보아요.

"풍선에서 빛이 난다."
"흔들흔들 온몸을 흔들어 보아요."
"춤추자~ 랄라라~"

"스트라이크~!"

야광봉이나 야광팔찌를 여러 개의 빈 페트병에 넣어 볼링핀을 만들어주세요. 볼링핀을 나란히 세운 다음 공을 굴려 쓰러뜨리기 놀이를 해 보세요. 볼링핀을 향해 공을 굴리면서 방향 감각을 키울 수 있고, 손의 힘도 기를 수 있어요.

"공을 굴려서 페트병을 쓰러뜨려보자."
"누가 많이 쓰러뜨리나. 시작~"
"와르르르르~ 정말 많이 쓰러뜨렸다! 대단한데?"

| 오감자극 TIP |

- 야광팔찌나 야광봉은 심하게 흔들거나 바닥, 벽을 치면 깨져서 액이 나올 수도 있으니 어린 아이들은 직접 야광봉을 사용하지 않는 것이 좋아요. 깨져도 문제가 되지 않도록 풍선이나 페트병 안에 넣어 놀이를 해주세요.
- 잠자리에 들기 직전에는 놀이를 하지 않는 것이 좋아요. 자기 전에 신나는 놀이를 하면 수면에 방해가 될 수도 있기 때문이에요. 늦어도 잠자리에 들기 2시간 전에 놀이를 해주세요.

🔹 반짝반짝 반딧불이 친구

🧺 **준비물** 야광팔찌, 큰 물약병, 모루 또는 빵 끈, 투명테이프, 눈 스티커, 흰 종이

깨끗한 곳에서만 볼 수 있는 반딧불이! 요즘은 책이나 영상을 통해서만 볼 수 있어서 아쉬워요. 자연을 벗삼아 함께 뛰어 놀고 곤충을 잡는 등 다양한 체험을 해 보는 것이 좋겠지만 쉽지 않은 것이 현실이에요. 오늘은 놀이를 통해 간접적으로나마 반딧불이를 만나 볼 수 있는 기회를 만들어 보려고 해요. 밤에만 반짝반짝 빛나는 반딧불이처럼 어두운 방에서만 반짝이는 빛을 볼 수 있는 야광 놀이를 함께해 볼까요? 놀이를 시작하기 전에 책을 통해 반딧불이에 대해서 미리 설명해주시면 놀이에 더 흥미를 느끼게 할 수 있을 거예요.

놀이 전 CHECK! CHECK!

- 아이에게 소근육 활동이 필요한가요?   Yes ☐ / No ☐
- 아이가 어두운 곳을 무서워하지는 않나요?   Yes ☐ / No ☐
- 아이가 앉아서 만들기 활동에 흥미가 있나요?   Yes ☐ / No ☐

"어둠 속에서 환히 빛나요"

야광팔찌를 꺾어 빛이 나게 한 후 큰 물약병 안에 접어서 넣어주세요. 불을 끄면 물약병 안에서 반짝반짝 빛을 내는 야광팔찌를 볼 수 있어요. 빛을 내는 물약병을 보며 반딧불이에 대해 설명해주세요. 놀이 전 책 속 반딧불이를 보여주었다면 더 이해하기 쉽겠죠?

"반딧불이는 밤에 밝은 빛을 낸대. 너무 예쁘겠지? 만들어 볼까?"
"뚜두둑 야광봉을 구부리니까 반딧불이처럼 빛이 나네?"
"반딧불이는 여름에 혼자서 반짝반짝 빛을 낸대."

"내 손 안에서 반짝반짝"

이번엔 물약병을 반딧불이로 만들어 볼게요. 아이와 함께 빵 끈으로 다리와 더듬이를 만들고 흰 종이를 오려서 날개를 만들어준 후 마지막으로 눈 스티커를 붙여주면 돼요. 만들기 과정에서 엄마는 보조 역할만 해주세요. 책이나 그림을 보고 아이가 혼자 만들 수 있도록 지켜봐주세요. 예쁘지 않으면 어때요. 엄마는 아이가 가위질할 때 위험하지 않도록 도와주시고 재료 준비만 해주면 돼요.

"반딧불이는 더듬이가 있고 다리가 있고 날개도 있네."
"빵 끈을 구부리면 다리를 만들 수 있네. 어디에 붙이면 좋을까?"
"날개도 오려서 붙여주자."

뚝 꺾으면 빛이 난대.

날개를 오리고 있어요.

반딧불이는 밤에 밝은 빛을 낸대. 너무 예쁘지?

| 오감자극 TIP |

- 반딧불이를 잘 모르는 아이를 위해 놀이를 시작하기 전 책을 통해서 미리 보여주고 설명해주세요. 재미있는 독후 활동으로 기억에 남을 거예요.
- 아직은 엄마의 도움이 필요할 거예요. 하지만 너무 많이 개입하거나 예쁘지 않다고 엄마가 예쁘게 만들어 버린다면? 그건 아이의 자기 주도 놀이가 아니겠죠? 엄마는 조금이라도 아이가 혼자 만들어 볼 수 있도록 재료 준비와 약간의 설명만 해주세요. 끝까지 완성하지 못해도 과정을 칭찬해주시고 격려해주세요.
- 만들기 과정이 너무 복잡하면 집중력이 흐트러질 수 있으니 간단하게 끝낼 수 있도록 해주세요. 어린 아이들의 만들기는 완성도보다 과정이 중요해요. 만들기 과정을 즐길 수 있도록 옆에서 독려해 주세요.

생후 25~36개월

자동차로
그림을 그렸어요

🧺 **준비물** 장난감 자동차, 전지, 사인펜, 마스킹테이프

요즘은 장난감을 쉽게 접할 수 있어서 장난감 자동차를 좋아하는 여자 아이들도 많은 것 같아요. 저도 어릴 땐 인형 말고 로봇만 갖고 놀았다고 하더라고요. 자동차는 여러 장난감 중 남녀노소 모두 좋아하는 아이템이에요. 오늘은 자동차를 활용한 놀이를 해 보려고 해요. 내가 움직이는 대로 자동차가 쓱쓱 그림을 그려준다면? 멋진 길도 되고, 예쁜 그림도 되고 너무 신기해하겠죠? 그림 그리기에 서툰 아이에게도 자신감을 줄 수 있는 재미있는 놀이를 함께해 볼게요.

놀이 전 CHECK! CHECK!

- 아이가 장난감 자동차를 갖고 있나요? Yes ☐ / No ☐
- 아이가 마음껏 놀이를 할 수 있는 영역이 확보되어 있나요? Yes ☐ / No ☐
- 아이에게 자기 주도 놀이를 해주고 싶은가요? Yes ☐ / No ☐

"흔적을 남기는 자동차"

아이가 원하는 장난감 자동차를 골라 준비해주세요. 자동차에 아이가 좋아하는 색의 사인펜을 마스킹테이프로 붙여주세요. 아이가 자동차를 움직일 때마다 사인펜이 멋진 그림을 그려줄 거예요.

"우리 ○○이가 좋아하는 자동차가 그림을 그린대."
"어떤 자동차로 할까?"
"무슨 색으로 그림을 그리고 싶어?"
"붕붕~~ 자동차가 지나가면서 멋진 그림이 나오네?"

| 오감자극 TIP |

- 펜은 자동차 앞쪽에 붙여야 그림이 더 잘 그려져요.
- 엄마가 생각하는 화려하고 형체가 있는 그림이 나타나지는 않을 거예요. 놀이를 즐기는 과정이 중요한 것이므로 어떤 그림이 나오든 엄마는 아이의 작품을 칭찬해주세요.

생후 25~36개월

우리는 왕발 왕손 가족

🧺 **준비물** 가족 얼굴 사진 또는 출력물, 색종이, 색지, 전지

이 시기에는 자신의 신체에 대해서 관심을 갖게 돼요. 아이의 호기심을 채우기 위해 재미있는 가족 그림 액자를 만들어 볼게요. 엄마, 아빠, 아이의 손발을 대고 그려보며 자기 몸에 대해서도 배울 수 있게 되고, 엄마, 아빠와 비교해 보며 자연스럽게 '크다, 작다'의 개념도 익힐 수 있답니다. 가족 모두 참여해서 놀이를 하니 아이는 기쁨이 두 배가 되겠죠? 몸보다 손발이 더 큰 우스꽝스러운 그림을 보며 한바탕 웃을 수 있는 시간을 만들어 보세요.

놀이 전 CHECK! CHECK!

- 아이가 자신의 몸을 대고 그릴 때 싫어하거나 거부하지는 않나요?   Yes ☐ / No ☐
- 아이가 신체의 위치를 잘 알고 있나요?   Yes ☐ / No ☐
- 아이에게 소근육 활동이 필요한가요?   Yes ☐ / No ☐

"누가 더 클까?"

가족의 얼굴을 출력하거나 실제 사진을 얼굴만 오려서 큰 전지에 붙여주세요. 엄마, 아빠, 아이의 손과 발을 도화지나 색종이에 대고 그린 후 모양을 따라 오려주세요. 서로의 손과 발을 그려주면서 크기의 개념을 배울 수 있어요.

"아빠 발을 그려 볼까? 쓱쓱"

"이건 아빠 발, 이건 ○○이 발! 누가 더 클까? 누가 더 작을까?"

"엄마 발이랑 아빠 발은 누가 더 클까?"

"손, 발도 예쁘게 꾸며볼까?"

손가락과 발가락 모양의 종이에 손톱도 그려주고 스티커도 붙여서 손과 발을 꾸며주세요. 손과 발을 꼼꼼하게 관찰할 수 있는 시간이 될 거예요.

"알록달록, 아빠 발도 예뻐졌네?"

"엄마는 노란색으로 손톱을 칠해주세요."

"우리 ○○이는 무슨 색으로 하고 싶어?"

"우리는 왕발 가족이에요!"

전지에 몸통과 팔, 다리를 그린 후 꾸며 놓은 손과 발을 풀로 붙여주세요. 얼굴과 몸통에 비해 지나치게 큰 손과 발을 보면 아이가 더 재미있어 할 거예요.

"우리 ○○ 발은 어디에 붙일까?"

"우와, 우리 가족은 모두 왕발과 왕손을 가지고 있어요"

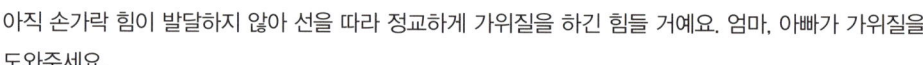

| 오감자극 TIP |

아직 손가락 힘이 발달하지 않아 선을 따라 정교하게 가위질을 하긴 힘들 거예요. 엄마, 아빠가 가위질을 도와주세요.

생후 25~36개월

에너지 발산, 바깥놀이

 뱀 비눗방울을 만들어요

준비물 작은 생수병, 수면양말, 비눗방울액

아이들은 밖에 나가 노는 것을 제일 좋아하는 것 같아요. 눈 뜨자마자, 밥 먹자마자 밖에 나가자고 하는 우리 아이. 바깥 활동은 아이의 에너지 발산과 신체 능력 발달에 도움이 되니 아주 춥거나 더운 날씨이거나 비가 오는 날이 아니라면 자주 나가서 놀아주세요. 하지만 매번 멀리갈 수도 없고, 매일 가는 놀이터나 집 앞 산책이 지루하다면 엄마표 놀이를 밖에서 해 보는 건 어떨까요? 집에서 하기 힘들거나 치울 걱정도 덜 수 있는 야외 놀이를 하면서 신나게 놀아 봐요.

놀이 전 CHECK! CHECK!

- 아이가 야외에서 마음껏 놀이를 할 수 있는 영역이 확보되어 있나요?   Yes ☐ / No ☐
- 아이가 불기를 잘할 수 있나요?   Yes ☐ / No ☐

"신기한 방울이 나타났어요"

페트병의 끝을 자른 후 입구 주변을 수면양말이나 낡은 수건을 씌워 고정해주세요. 작은 접시에 비눗방울액을 부은 후 페트병의 끝에 묻혀 불면 거품이 길게 생기는 것을 볼 수 있어요. 흔히 볼 수 있는 동그란 비눗방울도 재미있지만 지금까지 봐 왔던 비눗방울과는 다른 길게 늘어지는 비눗방울을 보면 무척 신기해하고 즐거워한답니다. 비눗방울놀이도 하고, 폐활량도 키울 수 있는 야외 놀이를 즐겨보세요.

"비눗방울을 묻혀서 세게 후~ 불어보자."
"우와, 뱀처럼 길게 길게 나온다."
"다시 한 번 더 세게 불어 볼까?"

| 오감자극 TIP |

- 두 돌 무렵의 아이는 폐활량이 약해 불기 힘들 수도 있어요. 30개월 이후에 놀이를 해주는 것이 좋아요.
- 아이가 불지 못한다면 엄마가 대신 불어 아이에게 비눗방울이 늘어지는 모습을 보여주어도 좋아요.

바닥에 쓱쓱 그려요

준비물 워셔블초크

제가 어릴 때만 해도 바닥에 분필로 쓱쓱 그려서 땅따먹기도 하고 그림도 그리곤 했는데 요즘은 그렇게 노는 아이들이 별로 없더라고요. 화려한 장난감이 없어도 바닥에 그림만 그려도 정말 멋진 공간이 되는데 말이죠. 오늘은 어린 시절의 엄마 모습을 생각하며 바닥에 그림을 그려볼까요? 요즘엔 제품들도 다양해서 워셔블로 된 초크도 있으니 쉽게 지울 수 있어서 바깥놀이에 딱 좋은 재료예요. 아이와 함께 비밀공간에서 마음껏 그림을 그려보고 게임도 하며 재미있게 놀아 봐요.

놀이 전 CHECK! CHECK!	
• 아이가 야외에서 마음껏 놀이를 할 수 있는 영역이 확보되어 있나요?	Yes ☐ / No ☐
• 아이에게 소근육 활동이 필요한가요?	Yes ☐ / No ☐
• 아이에게 자기 주도 놀이를 해주고 싶은가요?	Yes ☐ / No ☐

"초크? 무엇에 쓰는 물건이에요?"

원하는 색의 초크를 선택해 바닥에 마음껏 그려보게 해주세요. 손에 잘 묻어나지 않는 워셔블 초크는 손에 묻는 걸 좋아하지 않는 아이에게 딱 좋은 놀이 재료랍니다. 초크를 손에 잡고 그림을 그리면서 손가락 힘을 기를 수 있어요.

"무슨 색으로 그려볼까?"
"○○가 그리고 싶은 것을 마음껏 그려보자."

"방향 감각 & 균형 감각을 키워요"

엄마가 바닥에 원을 그려주면 아이가 원에 맞춰 뛰거나 밟고 다니며 놀아도 재미있어요. 직선이나 지그재그로 선을 그린 후 아이가 선을 따라 걸을 수 있도록 유도해주세요. 정해진 선을 따라 걷는 놀이를 통해 아이는 방향 감각이나 균형 감각을 키울 수 있어요. 또, 엄마가 어린 시절에 했던 놀이를 함께해 봐도 좋아요. 사방치기, 땅따먹기 등등 다양한 놀이들을 함께해 보면 공감대도 형성할 수 있답니다.

"여기 동그라미가 있네. 따라가 볼까?"
"폴짝! 폴짝! 점프!"
"선을 따라서 걸어 보자."

| 오감자극 TIP |

워셔블 초크는 이름처럼 물을 뿌리면 없어지는 제품이에요. 집에서 미리 물을 챙겨가 놀이를 정리할 때 물을 짝 뿌려주면 흔적도 없이 색이 사라져버려 뒷정리가 쉽다는 장점이 있어, 엄마들이 정말 좋아하는 재료 중 하나랍니다.

생후 25~36개월

보글보글 신기한 가루!

준비물 베이킹소다, 식초, 물감, 물약병

친환경 세제인 베이킹소다 많이 쓰시죠? 저도 아이가 태어났을 때부터 화장실이나 가스레인지 청소, 세탁 등등에 베이킹소다를 자주 사용하고 있어요. 과일을 세척할 때도 좋더라고요. 뽀드득뽀드득 깨끗하게 씻기는 느낌이 정말 좋아요. 인체에 무해한 성분이라 안심인 베이킹소다를 놀이로도 활용해 볼까요? 과학놀이도 되고 오감놀이도 되는 베이킹소다 놀이. 식초를 만나면 보글보글 알록달록 예쁜 거품이 가득한 놀이를 시작해 볼게요. "식초 리필", "앵콜"을 외치며 너무 재미있어 할 거예요.

놀이 전 CHECK! CHECK!

- 아이에게 자기 주도 놀이를 해주고 싶은가요?   Yes ☐ / No ☐
- 아이가 마음껏 놀이를 할 수 있는 영역이 확보되어 있나요?   Yes ☐ / No ☐
- 환기가 잘 되어 있는 곳인가요?   Yes ☐ / No ☐
- 아이의 손이나 몸에 상처는 없나요? (상처에 닿으면 따가울 수 있어요.)   Yes ☐ / No ☐
- 아이가 만지고 탐색하는 놀이를 좋아하나요?   Yes ☐ / No ☐
- 아이가 가루 같은 재료를 만지거나 몸에 닿는 것을 좋아하나요?   Yes ☐ / No ☐

"뽀드득, 신기해요"

먼저 주재료를 탐색해 보는 시간을 가져볼까요? 인체에 무해한 재료이니 맨손으로 만져도 좋아요. 하지만 입에는 넣지 않도록 주의시켜주세요. 베이킹소다를 작은 그릇에 담아 놓고 아이가 충분히 만지며 놀 수 있는 시간을 주세요.

"뽀드득뽀드득 느낌이 어때?"
"엄마는 하얀 눈을 밟는 것 같아."

"과학자가 되었어요"

물약병에 물감과 식초를 섞어 준비한 후 베이킹소다에 짜주세요. 베이킹소다와 식초의 화학 반응으로 보글보글 멋진 거품이 생기는 것을 볼 수 있어요. 아직 아이에게 과학의 원리를 설명할 수는 없지만 직접 눈으로 보고 느낀 과학놀이가 될 거예요.

"물약병을 죽 짜니까 보글보글 거품이 나네?"
"노란색의 예쁜 거품이 생겼어."
"이번엔 무슨 색으로 해 볼까?"

오감자극 TIP
- 식초의 산 성분 때문에 상처에 닿거나 눈에 들어가면 따가울 수 있어요. 잘 지켜봐주세요.
- 화학 작용에 대해서 굳이 설명하려고 하지 마세요. 눈으로 보는 것만으로도 과학놀이가 되었을 거예요.

생후 25~36개월

돌돌돌 휴지로 스트레스를 풀어요

준비물 두루마리 휴지, 붓, 물감, 끈

두루마리 휴지 하나만 있어도 세상을 다 가진 듯 신나게 풀어내는 아이들. 이 시기의 아이들은 휴지 푸는 걸 참 좋아하더라구요. 휴지는 아이들의 스트레스를 풀어주는 데 참 좋은 재료라고 해요. 알게 모르게 쌓인 스트레스를 휴지를 푸는 행동으로 푸는 것 같아요. 휴지의 한쪽 끝을 잡고 여기저기 돌아다니는 모습을 보고 있으면 아이는 스트레스가 풀릴지 모르겠지만 엄마의 한숨은 점점 쌓여만 가죠. 뭐, 며칠 동안 비닐팩에 넣고 쓰면 되죠. 이미 일어난 일에 너무 스트레스 받지 마시고 아이가 신나하는 모습만 기억하세요.

놀이 전 CHECK! CHECK!

- 아이에게 자기 주도 놀이를 해주고 싶은가요? Yes ☐ / No ☐
- 마음껏 놀이를 할 수 있는 영역이 확보되어 있나요?
  – 환기가 잘 되는 곳인가요? Yes ☐ / No ☐
- 아이가 만지고 탐색하는 놀이를 좋아하나요? Yes ☐ / No ☐
- 아이가 물감 같은 재료를 만지거나 몸에 닿는 것을 싫어하나요? Yes ☐ / No ☐

"마음껏 풀어요"

두루마리 휴지를 하나 주고 아이가 마음껏 풀어 볼 수 있도록 해주세요. 휴지를 산처럼 쌓아도 보고 도로를 만들어서 자동차가 다닐 수 있도록 만들어도 좋아요.

"쭉쭉 풀어서 모았더니 휴지산이 만들어졌어."
"데굴데굴 휴지 길이 생겼네?"
"부릉부릉~ 휴지도로네?"

"빨래처럼 널어보자"

아이가 신나게 풀어버린 휴지를 활용한 또 다른 놀이! 벽에 긴 줄을 가로로 매달아서 빨래놀이를 해 보세요. 엄마가 빨래를 너는 것처럼 척척 잘 널 거예요. 휴지커튼처럼 보일 수도 있어요. 숨바꼭질 같은 놀이를 함께 곁들여 줘도 좋겠죠?

"엄마는 휴지 빨래를 널어야겠다. 도와줄 수 있겠어?"
"엄마를 도와서 빨래를 척척 잘 널어줘서 고마워."
"우리 ○○이가 어디 있을까?"

"톡톡톡 멋진 휴지 작품"

휴지를 찢은 후 풀을 사용하여 종이에 붙여주세요. 물을 탄 물감을 붓에 묻혀 휴지 위에 톡톡 두드리면 물감이 번지는 모습을 볼 수 있어요. 이 놀이를 통해 휴지에 물이 닿으면 번진다는 원리를 배울 수 있어요.

"물감을 톡톡 두드리니까 그림이 커진다."
"멋진 그림이네."
"다른 색으로도 한 번 그려볼까?"

| 오감자극 TIP |

- 휴지는 생각보다 먼지가 많은 제품이에요. 환기가 잘 되는 곳에서 해주세요.
- 스포이트를 사용할 줄 알면 휴지에 물감이 번지는 모습을 더 잘 볼 수 있어 좋아요.

활용놀이

휴지폭탄놀이 휴지를 활용한 놀이는 무궁무진해요. 이 중에 스트레스를 제대로 날려버릴 수 있는 휴지 폭탄을 만들어 보세요. 휴지를 뭉쳐서 물을 묻혀준 후 화장실 벽에 던지면 "척!"하고 붙어요. 엄마가 먼저 시범을 보이면 아이는 엄마를 따라하면서 스트레스를 해소할 수 있어요.

생후 25~36개월

농부 아저씨가 되었어요

채소를 수확해요

🧺 **준비물** 쌈채소 또는 시금치나 아욱과 같은 긴 채소, 달걀판

아이에게 채소 먹이기 참 힘들죠? 저도 고기를 참 좋아하지만 우리 아이는 고기와 채소를 골고루 먹었으면 하는 게 엄마 마음이에요. 앞에서 식재료 놀이를 통해 재료를 만져보고 요리를 해 봤다면 이번엔 좀 더 재미있는 역할놀이를 통해 채소와 친해질 수 있는 기회를 만들어 볼게요. 아직 어린이집을 다니지 않는 아이들에게는 체험학습의 기회도 될 거예요.

놀이 전 CHECK! CHECK!

- 아이가 만지고 탐색하는 놀이를 좋아하나요? Yes ☐ / No ☐
- 아이가 만지거나 먹었을 때 알레르기 반응이 있는 음식이 있나요? Yes ☐ / No ☐
- 아이가 식재료를 만지거나 몸에 닿는 것을 좋아하나요? Yes ☐ / No ☐
- 아이가 마음껏 놀이를 할 수 있는 영역이 확보되어 있나요? Yes ☐ / No ☐

"눈으로, 손으로 관찰해요"

놀이 전 아이와 채소에 관련된 책을 보거나 엄마와 채소를 만져보며 어떻게 자라는지 대화시간을 가져보세요. 깨끗하게 씻은 여러 가지 채소를 만져보고 냄새도 맡아보면서 요리조리 관찰해 보세요.

"씨를 땅속에 꼭꼭 심어서 물을 주면 이렇게 예쁜 채소가 자라는 거래."
"이건 상추고, 이건 시금치야. 만져보자. 킁킁 무슨 냄새가 나니?"
"냠냠, 먹어 봐도 돼."

"우리도 농부 아저씨가 되어 볼까요?"

달걀판 뒤쪽에 작은 구멍을 뚫고 그 안에 채소를 꽂아주세요. 다 꽂은 후에는 아이와 하나씩 빼 보며 재배한 채소를 수확하는 놀이를 해 보세요.

"○○ 농부님, 구멍에 쏙쏙 맛있는 채소를 심어주세요."
"멋진 채소밭이 되었네?"
"엄마가 맛있는 음식을 만들 수 있도록 상추 좀 뽑아 주세요."
"○○이가 뽑아 준 싱싱한 채소로 요리를 만들면 더 맛있을 것 같아."

| 오감자극 TIP |

- 달걀판을 미리 흙색으로 칠해 놓으면 더 실감나는 농부 아저씨 역할놀이가 되겠죠?
- 놀이 전 사용할 재료에 알레르기가 있는지 꼭 확인하세요.

🧸 우유가 너무 좋아!

🧺 **준비물** 종이, 투명 파일, 위생 장갑, 밀가루, 물, 통

우유나 치즈를 먹기 싫어하는 아이에게 딱 맞는 놀이를 해 볼게요. 독후 활동으로 놀이를 했을 때 엄청난 호응을 받았던 놀이였어요. 오감놀이도 되고 식습관도 잡아주는 목장놀이! 농장에 방문하여 젖소를 관찰하고 직접 젖을 짜보면 좋겠지만 상황이 여의치 않을 경우에는 집에서라도 체험활동 놀이를 해 주는 것이 좋아요. 엄마랑 재미있게 목장 체험도 하고 즐거운 추억을 만들어 보세요.

놀이 전 CHECK! CHECK!

- 아이가 만지고 탐색하는 놀이를 좋아하나요?　　　　　　　　Yes ☐ / No ☐
- 아이가 마음껏 놀이를 할 수 있는 영역이 확보되어 있나요?　　Yes ☐ / No ☐
- 아이가 낯선 재료를 만지거나 몸에 닿는 것에 거부감은 없나요?　Yes ☐ / No ☐

"젖소야 안녕?"

종이에 젖소를 그려주세요. 저처럼 그림 그리기에 자신이 없는 엄마라면 인터넷에서 젖소 그림을 출력해 사용하면 돼요. 물을 활용하는 놀이이므로 그림이 젖을 수 있으니 투명 파일에 그림을 넣고 벽에 붙여주세요. 투명 파일이 없다면 투명 지퍼백을 활용해도 좋고, 화장실 타일에 붙인 후 욕실에서 놀이를 해도 좋아요. 재료가 모두 준비되었다면 책을 펼쳐 아이와 함께 젖소에 대해 알아보는 시간을 가져주세요.

"젖소는 우리한테 맛있는 우유를 준단다."
"손으로 젖을 쭉쭉 짜면 맛있는 우유가 나온단다."
"○○이가 먹는 우유와 치즈 모두 젖소의 젖으로 만드는 거야."

"쭉쭉, 우유를 만들었어요"

젖소의 젖을 표현하기 위해 위생 장갑에 밀가루를 조금 넣고 물을 채워주세요. 물을 너무 가득 채우면 쉽게 터질 수 있으니 적당히 채워주세요. 젖소의 젖꼭지는 몇 개일까요? 4개예요. 위생 장갑의 엄지는 테이프로 붙여 4개만 보이도록 한 후 물을 채워주세요. 위생 장갑의 손목 부분을 묶어주고, 젖소 그림의 젖 위치에 붙여주세요. 우유가 나올 수 있도록 핀이나 작은 가위로 손가락의 끝부분에 아주 작은 구멍을 뚫어 주세요. 아이가 위생 장갑을 손으로 꾹 눌러 젖을 짤 수 있도록 해주세요.

"우리 맛있는 우유를 만들어 볼까?"
"젖소의 젖은 몇 개일까? 세어보자. 하나, 둘, 셋, 넷. 모두 네 개네?"
"쭉쭉 젖을 짜요."
"그릇으로 하얀 우유가 쭉쭉 나오고 있어요."

| 오감자극 TIP |
- 물을 사용하는 놀이이니 욕실에서 하는 것이 좋아요.
- 위생 장갑 안에 실제 우유를 넣고 젖을 짜 주어도 좋아요. 놀이가 끝난 후에 우유를 마셔도 좋겠죠?

생후 25~36개월

싹둑싹둑 가위놀이

준비물 가위, 신문지, 클레이

싹둑싹둑 가위. 요리조리 오리면서 소근육 발달에 도움이 되는 도구예요. 아이들은 이 무렵부터 가위놀이에 흥미를 갖기 시작하는데요. 가위를 사용할 줄 알면 만들기 할 때 자기 주도 놀이를 하기 쉽고 소근육이 발달되어 나중에 글씨를 쓸 때나 그림을 그릴 때 많은 도움이 돼요. 손가락 힘이 부족해 처음부터 잘할 수는 없을 거예요. 엄마가 좀 더 쉽게 가위질을 할 수 있는 환경을 만들어주면 아이는 재미있는 놀이로 인식하게 될 거예요. 단, 종이를 보이는 대로 다 잘라놓을 수도 있어요. 그건 훈육으로 잘 커버해 보세요.

놀이 전 CHECK! CHECK!

- 아이가 마음껏 놀이를 할 수 있는 영역이 확보되어 있나요? Yes ☐ / No ☐
- 아이에게 소근육 활동이 필요한가요? Yes ☐ / No ☐
- 아이가 가위질에 관심을 보이나요? Yes ☐ / No ☐

"우리 집에 놀러오세요, 신문지 커팅식을 시작합니다"

아이가 가위질 한두 번이면 자를 수 있는 너비로 신문지를 미리 찢어 주세요. 아이의 손이 닿을 수 있는 높이의 의자 2개를 나란히 두고 의자 다리에 신문지를 팽팽하게 붙여주세요. 재료 준비가 끝나면 아이는 가위를 들고 신문지를 잘라주면 돼요. 모두 자르고 난

뒤에는 문을 통과할 수 있도록 해주세요. 미션을 완수했다는 느낌에 성취감을 얻을 수 있을 거예요.

"우리 ○○이가 가위로 잘라 볼까?"
"싹둑싹둑, 너무 잘한다."
"혼자서도 가위질을 너무 잘하네."
"우아 다 잘랐다. 문으로 통과~"

"맛있는 요리도 대접해요"

엄마와 아이가 클레이를 가래떡처럼 길게 만든 다음 가위로 싹둑 잘라주기만 하면 끝! 클레이는 말랑말랑해서 손에 힘을 많이 주지 않아도 쉽게 자를 수 있어요. 아이가 성취감을 얻기에 적합한 재료랍니다.

"손으로 뱀처럼 길게 만들어 볼까?"
"두 손으로 돌돌 말아주니까 길어지네?"
"싹둑싹둑 잘라서 맛있는 떡볶이를 만들어주세요."

싹둑싹둑 너무 잘한다.

떡볶이 떡을 만들어줄게!

| 오감자극 TIP |
- 신문지를 붙일 곳이 없다면 엄마가 양쪽 끝을 잡아서 팽팽하게 하고 아이가 잘라도 좋아요.
- 반드시 안전가위를 사용하고 다치지 않게 잘 지켜봐주세요.

생후 25~36개월

쓱싹쓱싹 청소놀이

준비물 색종이 또는 신문지, 작은 빗자루 세트, 마스킹테이프

하루 종일 엄마 뒤를 졸졸졸 따라다니며 매의 눈으로 엄마가 하는 행동을 지켜 보더니 요즘 들어 자기도 청소를 해 본다고 물티슈로 닦기도 하고 장난감으로 흉내도 내요. 너무 똑같이 따라 해서 흠칫 놀랄 때가 많아요. 가끔 바쁘게 집안일을 해야 할 때는 좀 피곤하긴 하지만 커가는 과정이니 흐뭇하게 생각해주세요. 엄마를 관찰하고 따라하면서 역할놀이도 배우고 집중력도 한층 업 된답니다! 여기에 정리하고 치우는 습관까지 기를 수 있으니 정말 좋은 놀이예요.

놀이 전 CHECK! CHECK!

- 아이가 엄마의 심부름이나 간단한 지시를 수행할 수 있나요?   Yes ☐ / No ☐
- 아이가 마음껏 놀이를 할 수 있는 영역이 확보되어 있나요?
  - 바닥에 마스킹테이프를 붙여도 되는 곳   Yes ☐ / No ☐
- 아이에게 소근육 활동이 필요한가요?   Yes ☐ / No ☐

"스트레스를 풀어요"

색종이나 신문지를 마음껏 찢고, 찢은 종이를 던지고 뿌려보세요. 청소를 위한 쓰레기를 만드는 과정이지만 이 과정을 통해 아이는 쌓였던 스트레스를 풀 수 있어요. 뿐만 아니라 소근육 발달에도 도움이 된답니다.

"엄마는 빨간색을 찢고 싶은데, ○○이는 어떤 색으로 해 볼까?"
"누가누가 더 많이 찢나, 시작!"
"찌찌직!!! 재미있는 소리가 나네."
"종이를 던져 볼까? 펄펄~ 눈이 옵니다."
"색깔비가 내리네?"

"1일 청소부가 되었어요"

엄마는 바닥에 네모 모양으로 마스킹테이프를 붙여주세요. 이 공간이 쓰레기통이라고 생각하고 작은 빗자루로 네모 안으로 찢고 던지고 놀았던 종이를 모을 수 있도록 유도해 주세요.

"집이 너무 지저분해졌어. 우리 파란 네모 통에 모아보자."
"우리 ○○이가 엄마가 되어 보는 거야. 같이 쓱싹쓱싹 청소를 해 볼까?"
"청소 대장님! 너무 지저분해졌어요. 도와주세요~"
"쓱싹쓱싹 종이를 모으자~"
"○○이의 도움을 받았더니 집이 깨끗해졌어. 고마워."

| 오감자극 TIP |

- 저는 청소기나 물걸레로 청소를 해서 빗자루를 쓰지는 않지만 작은 빗자루 세트 하나 있으면 모래 놀이나 가루 놀이를 할 때 간단히 치우기에 딱 좋더라고요. 아이가 활용하기에도 좋으니 작은 세트 하나 미리 장만해 두세요.
- "네모 안에 넣어 볼까?"라고 말해도 잘 하는 아이가 있는 반면에 왜 거기에 넣어야 하는지 잘 몰라 흥미 유발이 되지 않아 재미없어 하는 아이도 있어요. 이럴 때는 역할놀이의 묘미, 상황극을 활용해 보세요. 재미있는 대화로 흥미를 이끌고 놀이를 해주면 좋아해요. 엄마의 불꽃 같은 연기를 보여주세요.

쓰레받기로 모아서 버려 보자! 빗자루 놀이가 익숙해지면 이젠 한 손은 쓰레받기, 한 손은 빗자루를 들고 쓰레기를 모아서 버리는 놀이를 해 보세요. 이 놀이를 통해서 아이는 양손의 협응 능력을 키울 수 있어요.

낙엽을 쓸어 담자! 계절놀이로도 활용할 수 있어요. 가을이 되면 낙엽이 떨어지죠? 산책을 하다보면 아저씨들이 낙엽을 치우는 모습도 많이 볼 거예요. 이 모습을 따라해 보는 놀이를 해 볼게요. 바깥 놀이로 할 때는 떨어진 소나무 가지를 이용해도 좋아요. 꼭 빗자루같이 생겼거든요. 집에서 낙엽 놀이를 하고자 한다면 깨끗한 낙엽을 골라 와서 빗자루와 쓰레받기를 이용해 낙엽을 치워 보세요.

생후 25~36개월

팅팅 탱탱 고무줄놀이

🧺 **준비물** 작은 고무줄, 물약병, 500mL 빈 생수병

결혼 전엔 청순하게 긴 머리를 찰랑이며 풀고 다녔는데 이젠 드라이는커녕 머리 감을 시간도 없어 머리 고무줄은 기본 장착 아이템이 되어 버린 지 오래죠. 아이 볼 땐 흘러내리는 머리도 거추장스럽기도 하고요. 점점 아줌마, 애 엄마가 되가는 모습에 가끔 서글픈 생각이 들기도 하지만 아이 얼굴을 보고 있으면 금세 잊어버리게 돼요. 엄마 머리에 있는 이 작은 고무줄도 소근육 발달을 위한 놀이의 좋은 재료가 될 수 있다는 사실! 우리 알록달록 고무줄로 소근육 놀이를 하고, 추가로 센서리 보틀(Sensory bottle)도 만들어 재미있는 감각 자극 놀이를 해 보아요.

놀이 전 CHECK! CHECK!

- 아이가 앉아서 하는 놀이에 흥미가 있나요? Yes ☐ / No ☐
- 아이에게 소근육 활동이 필요한가요? Yes ☐ / No ☐

"손가락의 힘을 보여주세요"

고무줄의 양쪽을 잡고 길이를 늘려 물약병에 끼워 보면서 소근육 활동을 해 보세요. 이때 엄마는 물약병이 마음대로 움직이지 않도록 꽉 잡아주기만 하면 돼요. 물약병 안에 고무줄을 넣으면 마라카스로도 활용할 수 있어요.

"탱탱 고무줄이야."

"잡고 당기면 쭉쭉~~ 길게 길게 늘어난다."

"물약병 안에 고무줄을 쏘옥 넣어 볼까?"

"흔들흔들 소리가 나네?"

"센서리 보틀의 탄생"

작은 페트병 안에 고무줄을 넣고 물을 넣으면 멋진 센서리 보틀(Sensory bottle)이 된답니다. 원칙대로라면 물 대신 글리세린과 정제수를 사용해야 하지만 고무줄은 다시 써야 하니 물을 사용했어요. 물을 사용해도 고무줄이 천천히 왔다갔다 잘 움직여 센서리 보틀로 활용하기 좋아요.

"페트병 안에 고무줄을 넣어보자."

"물을 넣었더니 왔다갔다 고무줄이 춤을 추네?"

"슬금슬금 고무줄이 하늘로 올라갑니다."

| 오감자극 TIP |

- 센서리 보틀을 좀 더 천천히 움직이게 하고 싶다면 정제수와 글리세린을 사용하고, 여기에 반짝이까지 함께 넣으면 더 예뻐요.
- 센서리 보틀은 노는 것만으로도 다양한 영역의 발달이 이루어집니다. 병을 잡고, 흔들고, 굴리는 동작을 통해 팔과 손의 근육을 사용하게 되어 신체 능력이 발달하고, 병 안에 다양한 재료들을 넣어 관찰하는 과정을 통해 눈과 손의 협응 능력, 주의 집중 능력 등이 발달하게 돼요.
- 아이가 물을 채우기 싫어 할 수도 있어요. 병을 흔들면서 악기처럼 놀아도 돼요.

생후 25~36개월

엄마, 아빠와 함께 튼튼한 몸 만들기!

🧺 **준비물** 없음

손수레 걷기(Wheelbarrow Walk)! 겨울이나 외출하기 힘든 날씨에 넘치는 에너지를 발산시킬 수 있는 놀이로, 특별한 준비물은 필요 없고 튼튼한 아빠의 팔만 있으면 되는 무료 놀이예요! 물론 엄마의 가녀린 팔도 가능하답니다. 하지만 아이와의 충분한 애착 형성을 위해 이 놀이만큼은 아빠가 해주세요. 손수레 걷기는 단시간에 에너지를 발산할 수 있는 전신운동으로 반듯한 자세를 갖게 되고 팔도 튼튼하게 해서 소근육 활동에 도움이 되는 놀이예요.

놀이 전 CHECK! CHECK!

- 아이가 신체놀이를 좋아하나요? Yes ☐ / No ☐
- 아이가 평소에 에너지가 많은 편인가요? Yes ☐ / No ☐
- 아이에게 소근육, 대근육 활동이 필요한가요? Yes ☐ / No ☐

"수레가 나갑니다. 출발~"

아이를 엎드리게 한 후 양손바닥을 사용하여 어깨 정도 너비로 바닥을 짚게 해주세요. 3, 4세의 아이라면 아빠는 손으로 아이의 허벅지 밑을 잡고 다리를 들어주세요. 이때 아빠는 무릎을 꿇고 앉은 채로 아이의 몸을 거의 평행이 되도록 해주어야 해요. 아이의 머리는 앞을 보게 해주세요.(유치원생 또는 학령기의 아이라면 좀 더 난도를 높여 아이의 발목을 잡아 주시면 돼요.) 이 상태에서 아이가 앞으로 행진할 수 있도록 해주세요. 아이가 앞으로 전진하는 동안 수레가 된 것처럼 상황극을 하거나 하나의 목표를 정한 후 터치하고 되돌아오는 게임도 해 보세요.

"우리 ○○이가 수레가 되어 볼 거야."
"수레가 나갑니다. 출발~"
"엄마한테 가서 인사하고 올까?"

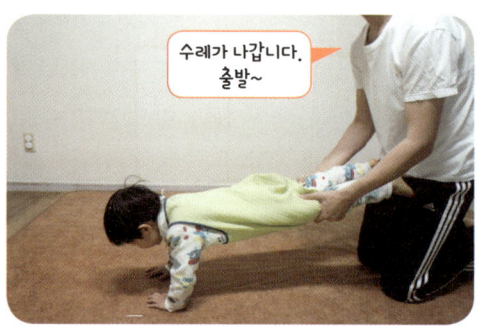

| 오감자극 TIP |

- 손수레 걷기는 체중이 팔에 실리면서 감각 자극도 되고 팔, 목, 등 근육이 고루 발달하는 정말 좋은 운동이에요. 아빠와 틈틈이 하면 애착 형성은 물론 좋은 자세를 만들 수 있고, 소근육 발달에도 도움이 될 거예요.
- 처음 할 때는 갑자기 자기 체중이 손목에 실리는 낯선 느낌 때문에 거부할 수도 있어요. 천천히 시도해 주세요. 두 손 걷기를 할 때는 꼭 머리를 들고 걷게 해주어야 목 근육과 등 근육이 강화돼요.

09 CHAPTER

생후 37개월 이후
아이 주도 놀이

친구들과 노는 게 제일 즐거운 나이가 되었어요. 친구들과 깔깔거리며 뛰어놀고 장난감을 가지고 조잘조잘 말하며 어울리는 모습을 보면 다 키운 것 같고 흐뭇해요. 또, 이젠 제법 엄마, 아빠와의 데이트도 즐길 줄 알아서 데리고 다닐 맛도 난답니다. 다녀와서는 간단하게 좋았던 일들도 이야기하며 하루를 마무리할 수 있을 정도로 많이 자랐어요. 혼자서 할 수 있는 것도 많이 늘어서 엄마의 숨통도 조금은 트이는 시기랍니다. 그래도 아직 아이이니 더 많이 안아주고 사랑한다 말해주면서 마라톤 같은 육아를 즐겨보아요.

★ ★ 생후 37개월 이후 아이는요 ★ ★

- 큐브 8개 이상을 높이 쌓을 수 있어요.
- 수직선이나 원을 모방할 수 있어요.
- 점프해서 뛰어 내릴 수 있어요.
- 1초 정도 한 발 서기를 할 수 있어요.
- 학습을 통해 세발자전거를 탈 수 있어요.
- 달리는 몸동작도 유연해져 멈추지 않고 모퉁이를 돌 수 있어요.
- 큰 공을 발로 찰 수 있고, 작은 공을 1~2m가량 던질 수 있어요.
- 가위질도 점차 능숙해져 똑바르게 자를 수 있게 돼요.

신체 발달

기본적인 운동 기능이 확립되는 시기로, 앞, 옆, 뒤 등 다양한 방향으로 걸을 수 있고 균형 감각이 발달하기 시작해요. 또, 눈과 손의 협응이 잘 이루어져 음식을 흘리지 않고 잘 먹을 수 있어요.

인지&언어 발달

- 색깔 이름을 1개 이상 알고 말할 수 있어요.
- 숫자를 셀 수 있어요.
- 과거, 미래를 인식하게 되어 경험했던 일을 회상해서 말할 수 있어요.
- 친구의 이름을 알고 말할 수 있어요.
- 한꺼번에 2~3개의 지시를 기억해 수행할 수 있어요.

사회성 발달

- 양치를 스스로 할 수 있어요.
- 음식 준비를 도와줄 수 있어요.
- 티셔츠와 바지를 비롯하여 스스로 옷을 입기 시작해요.
- 혼자서 숟가락과 포크를 사용해서 음식을 먹을 수 있어요.
- 스스로 장난감을 정리하고 친구에게 장난감을 빌려주는 등 행동으로 어른에게 인정받는 것을 좋아해요.

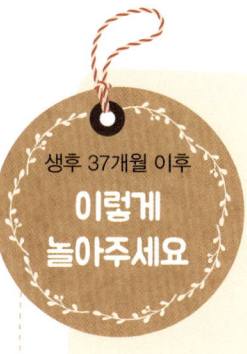

생후 37개월 이후 이렇게 놀아주세요

- 또래아이와의 의사소통과 상호작용이 필요하고, 규칙이 있는 활동을 많이 접할 시기이므로 간단한 게임이나 규칙이 있는 놀이를 해 보며 다른 사람과의 상호작용 방법을 알려주세요.
- 오감놀이는 개월 수가 많아져도 여전히 즐거운 놀이예요. 스트레스를 풀 수도 있으니 틈틈이 해주시면 좋아요.
- 독후 활동을 더 다양하게 할 수 있어요. 책을 읽고 생각을 말해 보는 형식의 독후 활동을 해 보세요.
- 자르기, 붙이기, 그리기 등 만들기나 미술놀이 등을 통해 소근육 발달을 위한 활동을 꾸준히 해 보세요.
- 친구들과 마음껏 놀이터나 숲, 공원 등에서 뛰어 노는 것이 가장 좋답니다.

책 속 추천 놀이
- 소방관이 되었어요_ P.249
- 라이스페이퍼로 오감놀이_ P.251
- 커피 머드놀이_ P.269

생후 37개월 이후 이렇게 대화하세요

- 적절한 질문을 하여 사물의 의미를 파악하는 데 도움을 주세요.
- 블록이나 퍼즐을 할 때 잘 안 되서 어려워한다면 "반대쪽으로 한 번 돌려서 끼워볼까?"처럼 간단하게 방향만 제시해주세요.
- 아이의 생각을 공감하고 같이 이야기해 보세요.
- 말문이 막히거나 같은 말을 반복한다면 말을 고쳐주거나 억지로 연습시키기보다는 아이가 차분히 이야기할 수 있도록 시간을 주고 기다려 주세요.
- 하루 있었던 일을 서로 이야기해 보는 시간을 자주 가져주세요.
- 간판이나 번호판 등 글자나 숫자에 흥미를 갖기 시작했다면 같이 읽어보며 알려주세요.
- 놀이하는 동안 아이의 행동에 소리를 붙여 재미있게 놀아보세요.

생후 37개월 이후, **전문가 조언**

학령기 이전의 소근육 발달 활동이 중요한 이유

지금까지 아이와 함께 소근육 놀이를 꾸준히 해 오셨죠? 그렇다면 소근육 놀이는 왜 중요한 걸까요? 그 이유를 생각해 보신 적 있으신가요? 그냥 많이 해주면 좋다고 하니까 이유도 모른 채 무작정 많이 해주신 분들도 있을 거예요. 하지만 그 이유를 알고 소근육 발달 놀이를 해준다면 아이에게 더 잘 맞는 놀이를 해줄 수 있지 않을까요?

손은 뇌에서 가장 많은 부분을 관여하는 감각기관이에요. 그래서 손을 많이 쓰면 뇌에 자극을 많이 받아 아이들의 발달에 많은 영향을 미친답니다. 학령기 이전의 소근육 발달 활동들은 pre-writing을 위한 과정이라고 보시면 돼요. 즉, 연필잡고 글씨를 쓰기 위한 준비과정이라는 거죠. 글씨를 쓰는 활동은 생각보다 고난도의 작업이기 때문에 소근육 발달이 잘 이루어지지 않은 상태에서는 올바르게 연필을 잡지 못하고 정해진 시간에 필기를 하지 못하거나 알아보기 힘들게 글씨를 쓰게 될 수도 있어요. 사실 저도 악필이라면 악필인데요. 악필이라고 해서 불편함을 느끼며 살지는 않았지만 글씨를 쓸 때 손의 힘이 약해 자세도 흐트러지고 집중력이 떨어지는 경험을 했던 적이 있어요. 또, 빠르게 글씨를 써야 하는 경우에 알아보지 못하는 부분도 있어서 학습에도 영향을 미쳤던 경험이 있었어요.

또한, 소근육 운동과 같은 신체활동은 운동능력 발달을 위해 필수적일 뿐만 아니라 사회적응, 자아실현, 풍부한 정서 생활 및 지적, 정서적 발달 등에도 중요한 영향을 미칩니다. 아이들은 신체활동을 통해 즐거움과 자신감을 느끼고 긍정적 자아개념을 형성하여, 성취감과 만족감을 느끼게 된답니다.

소근육 발달은 단순히 글씨를 잘 쓰고 못 쓰는 게 문제가 아니라 학습과 연관이 되기 때문에 중요하다는 점을 꼭 기억해주세요. 지금부터 꾸준히 그리기, 자르기, 찢기, 붙이기, 조립하기 등의 조작 활동을 많이 해주어 소근육을 발달시켜 주세요. 손수레 걷기, 터널 지나가기, 매달리기, 밀고 끌기, 들기, 신나게 뛰어 놀기 등등 대근육 놀이를 함께해주면 소근육 발달에 더 도움이 될 거예요.

생후 37개월 이후

반짝반짝 빛나는 상자놀이

🔹 라이팅 박스 샌드아트

준비물 리빙 박스, 트리전구, 종이 포일, 모래 또는 커피가루 또는 쌀

반짝반짝 빛이 나는 상자놀이가 있어요. '라이팅 박스'라고 전구 빛을 투과시켜서 노는 놀이예요. 체험관에서도 이런 형태의 빛과 오감놀이가 결합된 놀이를 많이 하더라고요. 라이팅 박스를 활용한 대표적인 놀이가 샌드아트 놀이예요. 모래에 쓱쓱 그림을 그리면 멋진 작품이 돼요. 만들기 쉽고 가루놀이도 할 수 있으며, 그림 그리기까지 가능한 멋진 샌드아트를 해 볼까요?

놀이 전 CHECK! CHECK!

- 아이가 만지고 탐색하는 놀이를 좋아하나요?   Yes ☐ / No ☐
- 아이가 모래나 가루 같은 재료를 만지거나 몸에 닿는 것을 좋아하나요?   Yes ☐ / No ☐
- 아이가 앉아서 하는 놀이에 흥미를 갖고 있나요?   Yes ☐ / No ☐
- 아이에게 자기 주도 놀이를 해주고 싶은가요?   Yes ☐ / No ☐
- 아이가 마음껏 놀이를 할 수 있는 영역이 확보되어 있나요?   Yes ☐ / No ☐
- 아이가 어두운 곳을 무서워하진 않나요?   Yes ☐ / No ☐

"반짝반짝한 상자네"

먼저 라이팅 박스를 만들어 볼게요. 안 쓰는 투명 리빙 박스 안에 트리 전구를 넣고 평평한 곳을 위로 보게 한 후 안쪽에 종이 포일을 붙여주세요. 종이 포일이 없다면 흰 종이도 좋아요. 포일이나 종이는 눈부심을 막기 위해 붙이는 거예요.

"나타났다 사라지는 요술 상자"

모래나 커피가루, 쌀 등 집에 있는 재료를 라이팅 박스 위에 올리고 그림을 그려보세요. 이번엔 집의 불을 끄고, 트리 전구의 불을 켜서 멋진 샌드아트 놀이를 해 보세요. 그림을 그렸다 지우면 그림이 사라지는 모습을 보고 신기해할 거예요.

"가루도 만져보자."
"쓱쓱 그리고 지워보자."
"멋진 그림이다."

| 오감자극 TIP |
- 빛을 비췄을 때 제대로 보일 수 있도록 모래나 커피가루와 같은 어두운 색을 사용해주세요.
- 아이가 숫자나 글자 쓰기에 관심을 가지고 있다면 가루 위에 간단한 글자를 써 보며 글자 공부를 해 볼 수도 있어요. 단, 학습을 강요하지는 마세요.

라이팅 박스 물감놀이

준비물 리빙 박스, 트리 전구, 종이 포일, 스포이트 또는 물약병, 물감

빛과 색의 만남. 생각만 해도 환상적이죠? 오늘은 라이팅 박스에 물감을 톡톡 떨어뜨려 보며 다양한 색을 관찰할 수 있고, 자연스럽게 색이 섞이는 모습을 보며 색의 조합도 배울 수 있는 놀이를 해 볼게요. 너무 재미있어서 오래 앉아서 집중하고 놀지도 몰라요. 소근육 활동은 물론, 물감놀이를 싫어하거나 미술에 자신이 없는 아이도 재미있게 즐길 수 있는 놀이예요. 어두운 밤 멋진 색을 뽐내는 물감놀이를 해 볼까요?

놀이 전 CHECK! CHECK!

- 아이가 만지고 탐색하는 놀이를 좋아하나요? Yes ☐ / No ☐
- 아이에게 소근육 활동이 필요한가요? Yes ☐ / No ☐
- 아이가 물감과 같은 재료를 만지거나 몸에 닿는 것을 좋아하나요? Yes ☐ / No ☐
- 아이가 앉아서 하는 놀이에 흥미를 갖고 있나요? Yes ☐ / No ☐
- 아이에게 자기 주도 놀이를 해주고 싶은가요? Yes ☐ / No ☐
- 아이가 마음껏 놀이를 할 수 있는 영역이 확보되어 있나요? Yes ☐ / No ☐
- 아이가 어두운 곳을 무서워하진 않나요? Yes ☐ / No ☐

"알록달록, 색깔 여행을 떠나요"

작은 컵에 물과 물감을 섞고 스포이트로 빨아들여 라이팅 박스에 떨어뜨려주세요. 이제 손가락에 힘이 생겨 스포이트를 어렵지 않게 사용할 수 있을 거예요. 여러 가지 색을 떨어뜨리다보면 색이 섞여 다양한 색의 조합을 볼 수 있어요. 아직 스포이트 사용을 어려워한다면 물약병에 물감과 물을 섞어 떨어뜨려도 돼요.

"물감을 빨아들여서 똑똑 떨어뜨려보자."
"노란색과 파란색이 만나서 초록색이 되었네?"

| 오감자극 TIP |

- 물약병을 사용할 때에는 한 번에 쭉 짜지 말고 한 방울씩 똑똑 떨어뜨릴 수 있도록 시범을 보여주세요. 두 가지 색이 합쳐져 다른 색이 나온다는 사실을 보여주기 위해 한꺼번에 많은 양을 사용하기보다는 적은 양을 조금씩 떨어뜨리면서 색이 섞이는 과정을 천천히 보여주세요.
- 스포이트나 물약병 대신 붓을 사용해도 좋아요.

활용놀이

- 지퍼백 안에 여러 가지 색의 물감을 짜서 넣은 후 물감이 새지 않도록 잘 밀봉하여 라이팅 상자 위에 올려주세요. 아이가 손가락으로 지퍼백 위를 쭉쭉 문지르면 빛이 통과하면서 재미있는 놀이가 될 거예요. 자동차를 그려보고, 하트도 그려보고 다양하게 그려볼 수 있도록 해주세요.
- 물감이 없다면 투명한 비닐이나 필름 위에 사인펜으로 그림을 그려봐도 좋아요. 색다른 그림 그리기 놀이가 될 거예요.
- 비즈나 개구리알 장난감을 라이팅 상자 위에 올려놓고 놀면 알록달록 쉽고 재미있는 색놀이도 가능해요.

알록달록 나무 만들기

 **준비물** 리빙 박스, 트리 전구, 종이 포일, 나뭇가지, 셀로판지, 시트지

아이와 함께 산책을 할 때 작고 얇은 나뭇가지를 주워와주세요. 나뭇가지도 라이팅 박스와 함께하면 재미있는 놀이를 할 수 있거든요. 나만의 멋진 나무를 만들어보며 생각이

자라나는 시간이 될 거예요. 무엇보다 쉽게 만들 수 있어서 솜씨 없는 엄마는 두 배 더 즐거운 놀이가 될 거예요. 요즘처럼 빨리 지나가는 가을이 아쉽다면 우리집에 가을을 들여와 볼까요?

놀이 전 CHECK! CHECK!

- 아이에게 소근육 활동이 필요한가요?　　　　　　　　　　　Yes ☐ / No ☐
- 아이가 앉아서 하는 놀이에 흥미를 갖고 있나요?　　　　　　Yes ☐ / No ☐
- 아이에게 자기 주도 놀이를 해주고 싶은가요?　　　　　　　Yes ☐ / No ☐
- 아이가 마음껏 놀이를 할 수 있는 영역이 확보되어 있나요?　Yes ☐ / No ☐
- 아이가 어두운 곳을 무서워하진 않나요?　　　　　　　　　Yes ☐ / No ☐

"모두 다른 색이에요"

라이팅 박스와 셀로판지를 준비하고, 셀로판지를 탐색해 보는 시간을 주세요. 셀로판지를 통해 세상을 보면 색이 달라진다는 것을 보여주세요. 충분한 탐색 후 셀로판지를 마음껏 가위로 잘라볼 수 있도록 해주세요. 아이의 안전을 위해 반드시 안전가위를 사용해 주세요.

"빨간색 셀로판지로 밖을 보면 빨간색으로 보여."
"싹둑싹둑 셀로판지를 마음대로 잘라보자."

"옷을 입혀 주었어요"

라이팅 박스 위에 나뭇가지를 테이프로 고정하고 나뭇가지 주위에 셀로판지를 붙여 나뭇잎을 표현해주세요. 라이팅 박스 위에 투명 시트지를 깔아 놓으면 셀로판지가 잘 붙어 놀이하기 더 수월할 거예요.

"우리 같이 주워온 나뭇가지야."

"나무가 잎이 없어 너무 춥대. 나뭇잎 옷을 입혀줄까?"
"알록달록 정말 멋진 나무가 되었네?"

싹둑싹둑 마음대로 잘라요.

알록달록 정말 멋진 나무가 되었네?

오감자극 TIP

- 처음엔 나무 형태가 보였다가 나중에는 나뭇가지가 보이지 않을 정도로 다 덮어씌울 수도 있어요. 엄마는 제지하지 말아주세요. 완벽하게 꾸미는 게 목적은 아니잖아요.
- 나뭇가지를 구하기 힘들다면 나무젓가락을 활용해도 좋아요. 엄마가 미리 물감으로 나무젓가락에 색을 칠해두면 더 실감나는 나뭇가지가 되겠죠?

 셀로판지가 아닌 실제 나뭇잎이나 풀잎, 꽃잎 등을 라이팅 상자에 올려놓으면 좀 더 실감나는 자연관찰놀이를 할 수 있어요.

생후 37개월 이후

나는야 사격명수!!!

준비물 종이컵, 끈, 사인펜, 볼풀공 또는 작은 공

정의의 용사를 꿈꾸는 아이들. 덕분에 아들을 둔 엄마는 악당 전문 배우로 매번 져줘야 하는 역할을 담당해야 하죠. 에효… 매번 쓰러져줘야 하는 엄마의 수고를 덜고, 늘 똑같은 역할놀이가 지겨워졌다면 약간의 변화를 주어 종이컵 괴물을 만들어 무찔러 보는 놀이를 해주면 어떨까요? 이 놀이는 여자 아이들도 굉장히 좋아한답니다. 공을 던져서 종이컵을 맞추면 운동도 되고, 여럿이 모여 함께하면 더 재미있는 놀이가 될 거예요.

놀이 전 CHECK! CHECK!

- 아이가 마음껏 놀이를 할 수 있는 영역이 확보되어 있나요? Yes □ / No □
- 아이에게 소근육 활동이 필요한가요?
  - 공 던지기에 어려움을 느끼지는 않나요? Yes □ / No □

"괴물이 나타났다!!!"

무지 종이컵을 준비하여 아이와 함께 종이컵 겉면에 괴물 그림이나 아이가 그리고 싶어 하는 그림을 그릴 수 있도록 해주세요. 그림에 자신이 없는 아이라면 옆에서 조금 도와주세요. 못 그려도 좋아요. 특징만 표현해 주시면 돼요.

"종이컵에 ○○이가 그리고 싶은 그림을 그려보자."
"잘 못 그려도 괜찮아."
"괴물이 나타났다. ○○이가 무찔러 주세요."

"괴물을 무찔러 주세요"

작은 공부상처럼 종이컵을 매달 수 있는 곳을 찾아 종이컵에 끈을 달아 붙여주세요. 볼풀공이나 작은 공을 던져 매달린 종이컵을 맞추는 놀이를 해 보세요. 엄마와 시합을 해도 좋아요.

"괴물이 대롱대롱 매달려 있네. 괴물을 맞춰 괴물을 무찌르자."
"엄마랑 시합해 볼까? ○○이가 이겼네?"
"엄마가 졌네~ 그래도 게임이 재미있어서 신난다. 그렇지?"

| 오감자극 TIP |

집에서 아이와 게임을 하면 난감할 때가 많아요. 특히, 승부욕이 많은 아이는 지는 걸 싫어해서 울고불고 난리가 나기도 하죠. 놀이에서 이기고 지는 것에 대해 초점을 맞추기보다는 게임 상황에서 즐거움을 느낄 수 있도록 해주세요. 놀이 시, 부모님은 아이가 이기고 지는 확률을 조절해주시고 엄마, 아빠가 질 경우 지는 것도 즐거운 경험인 것처럼 자연스럽게 받아들이는 모습을 보여주세요. "엄마는 저도 기분 좋은 걸. 너와 게임하는 게 너무 즐거워."라고 말해주세요. 집에서만큼은 경쟁이 목적이 아닌 놀이로 즐거운 시간이 되길 바랍니다. 재미있으려고 시작한 놀이가 울음바다로 끝나지 않게 해주세요.

생후 37개월 이후

소방관이 되었어요

준비물 물감, 분무기, 종이, 투명 파일 또는 지퍼백

도로에 119 소방차만 지나가면 눈이 반짝반짝. 저희 집에도 소방차가 꽤 많답니다. 이 시기의 아이들에게 나중에 커서 뭐가 되고 싶냐고 물어보면 "소방관"이라고 말하는 아이들이 참 많아요. 삐뽀삐뽀 멋진 소리를 내며 출동하여 우리의 안전을 지켜주는 소방관아저씨들은 제가 생각해도 참 존경스러워요. 이렇게 뜻깊은 일을 하시는 소방관 직업체험을 집에서도 해 볼 수 있어요. 분무기만 있으면 오케이! 멋진 소방관이 되어 불을 꺼 볼까요? 키자니아와 같은 직업 체험 프로그램을 활용하면 좋겠지만 비용이 여간 부담스러운 게 아니잖아요. 이런 곳은 아이가 좀 더 커서 미래에 하고 싶은 일이 생겼을 때 방문하여 체험해 보고, 매일 꿈이 바뀌는 우리 아이를 위해서는 집에서 간단하게 체험을 해 봐요.

놀이 전 CHECK! CHECK!

- 아이가 물감놀이를 좋아하나요? Yes ☐ / No ☐
- 아이가 물감과 같은 재료를 만지거나 몸에 닿는 것을 좋아하나요? Yes ☐ / No ☐
- 아이가 마음껏 놀이를 할 수 있는 영역이 확보되어 있나요? Yes ☐ / No ☐
- 아이에게 소근육 활동이 필요한가요? Yes ☐ / No ☐

"소방관 님 도와주세요!"

흰 종이에 건물 그림을 그린 후 코팅을 해주세요. 코팅 기계가 없다면 투명 파일에 넣으면 돼요.(투명 파일 대신 지퍼백도 좋아요.) 물을 사용하는 놀이이니 투명 파일을 사용한다면 뚫린 곳을 테이프를 붙여 막아주세요. 건물 그림은 욕실 타일에 붙여주세요. 파일 위에 빨간색이나 아이가 원하는 색의 물감으로 색칠을 할 수 있도록 유도해주세요.

"이 건물의 이름을 뭘로 할까?"
"빨간 물감으로 쓱쓱 칠해서 불을 표현해 보자."

"삐뽀삐뽀, 출동!!"

이제 엄마의 불꽃 같은 연기를 보여주셔야 할 시간이에요. 건물에 불이 난 것처럼 상황을 연출하여 아이가 소방관으로 변신하여 불을 끌 수 있도록 유도해 주세요. 아이는 물이 들어 있는 분무기를 뿌려서 물감을 씻어 내면 된답니다.

"병원 건물에 불이 났대요. ○○소방관 님 불 좀 꺼주세요."
"우아. 불이 꺼지고 있어요. 멋져요."
"소방관 님 고맙습니다."

> **오감자극 TIP**
> 분무기를 사용하여 물을 뿌리는 것이 놀이 과정의 대부분이기 때문에 청소가 쉬운 화장실에서 놀이를 해주세요.

생후 37개월 이후

라이스페이퍼로 오감놀이

🧺 **준비물** 라이스페이퍼, 사인펜 또는 매직, 따뜻한 물

저는 월남쌈을 굉장히 좋아해요. 간단하게 채소 몇 종류만 있으면 쓱싹쓱싹 만들어 먹을 수 있거든요. 그런데 꼭 만들어 먹다보면 라이스페이퍼가 애매하게 남아서 다음에 먹어야지 하면서 보관해 두었다가 유통기한이 지나버리는 경우가 종종 생기더라고요. 유통기한이 지나서 더 이상 먹을 수 없는 라이스페이퍼로 오감만족 놀이를 해 볼까요? 부들부들 하기도 하고, 미끌미끌 해파리 느낌도 나는 라이스페이퍼로 재미있는 놀이를 해 보세요.

놀이 전 CHECK! CHECK!

- 아이가 낯선 재료를 만지거나 몸에 닿는 것을 싫어하나요?
  - 미끌미끌하고 끈적끈적한 느낌을 싫어하지는 않나요?   Yes ☐ / No ☐
- 아이가 만지고 탐색하는 놀이를 좋아하나요?   Yes ☐ / No ☐
- 아이에게 자기 주도 놀이를 해주고 싶은가요?   Yes ☐ / No ☐
- 아이가 마음껏 놀이를 할 수 있는 영역이 확보되어 있나요?   Yes ☐ / No ☐

"나는야, 꼬마 화가"

아이가 라이스페이퍼 위에 매직이나 사인펜으로 마음껏 그림을 그릴 수 있게 해주세요.

어떤 그림을 그려도 격려해 주시는 게 엄마의 역할인 것 아시죠? 펜을 잡고 그림을 그리는 활동을 통해 소근육이 발달해요. 아이가 그린 그림 중 하나를 골라 라이스페이퍼에 끈을 달아 햇빛이 잘 드는 곳에 매달아주세요. 자신의 그림이 집의 인테리어로서 한 자리를 차지한다는 것을 알면 작은 성취감을 느끼게 된답니다.

"○○이가 그리고 싶은 그림을 그려볼까?"
"○○이가 좋아하는 색으로 색칠을 해도 좋아."
"우리 ○○이가 그린 그림을 벽에 걸어 놓으니 너무 멋지지?"

"흐물흐물, 액체 괴물이 나타났다"

라이스페이퍼는 물이 닿으면 흐물흐물하게 변해요. 라이스페이퍼를 물에 담가주세요. 그림을 그릴 때 사용된 매직이나 사인펜의 색 때문에 라이스페이퍼의 색이 변할 거예요. 물이 닿기 전 딱딱했던 느낌과 달리 흐물흐물해져 해파리 같은 느낌을 재미있어 해요.

"물에 넣으면 신기하게 변한대. 한번 해 볼까?"
"따뜻한 물에 퐁당 넣어 보자."
"미끌미끌하다."

| 오감자극 TIP |

라이스페이퍼는 수분이 날아가면 끈적끈적해져 놀이 후 청소가 힘들 수 있으니 화장실에서 놀이를 하거나 거실 바닥에 큰 비닐을 깐 후에 놀이를 해주세요.

생후 37개월 이후

동글동글
과자 애벌레 친구!

🧺 **준비물** 링 모양 시리얼 과자, 모루, 눈 스티커

시리얼 과자 중에 도넛 모양처럼 가운데 구멍이 뚫린 과자가 있어요. 요즘은 유기농 시리얼로도 나왔더라고요. 맛있는 과자도 먹고 소근육 놀이도 하는 신나는 시간. 간식시간에 하면 더 재미있는 놀이가 될 거예요. 입으로 들어가는 게 훨씬 더 많겠지만 쏙쏙 끼우는 재미가 있어 집중하면서 노는 모습을 볼 수 있을지도 몰라요. 엄마도 옆에서 같이 맛있게 먹으며 즐거운 시간을 가져보세요.

놀이 전 CHECK! CHECK!

- 아이가 앉아서 하는 활동에 흥미가 있나요? Yes ☐ / No ☐
- 아이에게 알레르기 반응이 있는 음식이 있나요? Yes ☐ / No ☐
- 아이에게 소근육 활동이 필요한가요? Yes ☐ / No ☐

"꿈틀꿈틀 애벌레가 나타났어요"

엄마는 모루를 적당한 길이로 잘라주세요. 자른 모루의 양끝은 날카로우니 아이가 다치지 않도록 동그랗게 말아주면 놀이 준비 끝! 아이가 모루에 동그란 과자를 차근차근 하나씩 끼울 수 있도록 해주세요. 과자 끼우기가 모두 끝나면 양끝을 한 번 더 동그랗게 말아서 얼굴과 꼬리를 만들어 과자가 빠져나가지 않도록 해주세요. 흡사 애벌레 모습과 비슷할 거예요. 눈까지 붙여주면 더 실감나겠죠?

"과자를 쏙쏙 끼워주세요."
"애벌레 얼굴에 눈을 붙여주면 완성!"

"우리는 친구예요"

만든 과자 애벌레를 활용하여 역할놀이를 해도 좋아요.

"배고픈 애벌레가 있네. 우리 애벌레 친구한테 과자 좀 나누어줄까?"
"애벌레도 먹여주는 거야? 멋지다."

오감자극 TIP

- 모루의 날카로운 끝에 아이의 손이 다칠 수 있으니 놀이 전 미리 잘 말아주세요.
- 특정 과자나 음식에 알레르기가 없다면 직접 맛을 보고 냄새도 맡아 볼 수 있도록 해주세요. 만져보기만 하는 것보다 훨씬 더 오감자극이 될 거예요.

활용놀이

집에 모루가 없다면 다른 재료를 활용해도 좋아요. 클레이에 빨대를 세워서 꽂고, 링 과자를 빨대에 차곡차곡 끼우기만 하면 멋진 탑이 완성된답니다.

생후 37개월 이후

미켈란젤로로 변신했어요

🛒 **준비물** 작은 상, 종이 상자, 종이, 크레파스나 색연필

저는 기회가 될 때마다 아이와 미술 전시회에 다니려고 노력해요. 책에서만 보던 작품들을 직접 눈으로 보고 접할 수 있게 하고 싶어서요. 아직 어려서 잘 모를 수도 있겠지만 아이와 대화를 하다보면 어렴풋이나마 직접 겪어본 것과 겪어보지 못한 것의 차이는 확실하게 있는 것 같다는 생각이 들더라고요. 여러분도 시간과 여건이 허락한다면 가끔씩이라도 아이에게 다양한 것을 접할 수 있는 기회를 주었으면 좋겠어요. 기회가 된다면 아이에게 꼭 보여주고 싶은 그림이 있어요. 바로 미켈란젤로의 천장화인 '천지창조'인데요. 너무 유명한 작품이죠? 저는 실제로 로마 시스티나 성당에서 이 작품을 보았는데요. 정말 너무 아름다워서 가슴이 뭉클했던 기억이 있어요. 특이하게 이 그림은 공중에 매달려 누워서 그림을 그렸다고 하죠? 이 이야기를 아이에게 설명을 해주었을 때 굉장히 신기해했어요. 멋진 명화를 그냥 바라만 보는 감상이 아닌 체험을 해 보면서 재미있게 받아들일 수 있게 해준다면 너무 좋겠죠?

놀이 전 CHECK! CHECK!

- 아이가 마음껏 놀이를 할 수 있는 공간이 확보되어 있나요?   Yes ☐ / No ☐
- 아이에게 소근육 활동이 필요한가요?   Yes ☐ / No ☐

"미켈란젤로가 우리 집에?!"

아이가 손을 뻗어 닿을 정도의 높이에서 바로 누운 자세로 그림을 그릴 장소를 마련해 주세요. 엄마가 천장에 종이를 붙여주면 아이는 바로 밑에 누워서 열심히 멋진 그림을 그릴 거에요. 저는 종이 상자와 작은 책상을 사용했어요.

"미켈란젤로는 천장에 매달려 누워서 멋진 그림을 그렸대."
"어때? 정말 멋있지?"
"우리도 한 번 그려볼까?"
"우아~ 정말 멋있는 그림이 되었네?"

나도 미켈란젤로 아저씨처럼 누워서 그림을 그려볼래.

오감자극 TIP

- 놀이 전, 놀이의 배경이 되는 명화 지식과 천지창조에 대한 설명과 그림을 보여주면 놀이를 더욱 잘 이해할 수 있어요.
- 팔을 들고 그림을 그리면 자연스럽게 중력에 의해 감각 자극을 받아 어깨와 어깨 주변 관절이 튼튼해져요. 이렇게 발달된 관절들은 손 조작에 많은 도움을 준답니다. 갓 태어난 아이는 손가락을 자유롭게 사용하지 못하지만 기고 앉고 하면서 몸통과 어깨를 강화한 다음 손 조작이 가능하도록 발달하는 원리와 동일하다고 생각하면 됩니다. 아이의 소근육이 너무 약한 것 같아 걱정하고 계신다면 앉아서 조작하는 것과 더불어 신체활동도 충분히 많이 해주세요.

생후 37개월 이후

종이접시 하나면 놀이가 재미있어요

종이접시 운동회!

준비물 종이접시, 빈 페트병

싸고 쉽게 구할 수 있는 종이접시! 음식을 담을 때만 쓰셨나요? 자유자재로 변신이 가능한 종이접시는 훌륭한 놀이재료가 될 수 있답니다. 오늘은 가운데 구멍을 뚫어 고리 넣기 게임으로 변신시켜 줄게요. 시중에 많이 판매되고 있는 고리 넣기 장난감보다 완성도는 조금 떨어질지 모르지만 쉽게 만들어서 놀 수 있을 뿐만 아니라 친환경 재료이기 때문에 뒤처리도 간편하답니다.

놀이 전 CHECK! CHECK!

• 아이가 마음껏 놀이를 할 수 있는 공간이 확보되어 있나요?	Yes ☐ / No ☐
• 아이에게 소근육, 대근육 활동이 필요한가요?	Yes ☐ / No ☐

"휙휙 고리 던지기 시작!"

종이접시 안쪽을 칼로 동그랗게 자르고, 빈 페트병에 물을 넣어 주세요. 종이접시를 세워둔 페트병을 향해 던지기 놀이를 할 수 있도록 해주세요. 엄마, 아빠와 게임을 하듯 놀이를 하면 더욱 재미있을 거예요.

"동그란 접시에 구멍이 뽕 뚫렸네?"
"접시를 병에 끼워볼까?"
"누가누가 잘 넣나 시작!"

"슝슝 하늘을 나는 비행기가 되었어요"

종이접시를 공중에 휙휙 날리는 놀이도 좋아요. 멀리 날리는 동작을 통해 손과 어깨의 힘을 키울 수 있답니다.

"하나 둘 셋, 휘리릭 날아간다."

"동그란 구멍에 쏙쏙! 넣어보자"

구멍이 뚫린 종이접시의 양쪽에 끈을 달아 천장과 바닥에 붙여 종이접시를 공중에 매달아 주세요. 볼풀공이나 작은 공을 던져 통과시키기 놀이를 해 보세요.

"대롱대롱, 종이접시가 매달려 있네?"
"공을 던져서 골인시켜 볼까?"

| 오감자극 TIP |
고리 넣기 놀이나 공 통과시키기 놀이는 아이의 소근육 발달과 눈과 손의 협응력, 시지각 활동에 아주 좋은 놀이예요.

상상력 쑥쑥, 우주 행성 놀이

준비물 종이접시, 물약병, 물감, 검은색 종이 또는 전지

물감과 종이접시로 우주의 행성을 만들어 볼 거예요. 지구, 화성, 금성 등등 여러 가지 색이 마블링된 듯한 동그란 행성들. 평소 미술놀이에 자신감이 없다면 더욱 추천하는 놀이예요. 데칼코마니랑 비슷하거든요. 특별한 기술이 없어도 멋진 그림이 완성되어 미술 실력이 탄로나지 않는 놀이라고 할 수 있죠. 우주는 아이들이 정말 좋아하는 곳이기도 해서 흥미로워 할 거예요. 우리 집을 멋진 우주로 만들어 볼까요?

놀이 전 CHECK! CHECK!

- 아이가 마음껏 놀이를 할 수 있는 공간이 확보되어 있나요? Yes ☐ / No ☐
- 아이에게 자기 주도 놀이를 해주고 싶은가요? Yes ☐ / No ☐
- 아이가 물감놀이를 좋아하나요? Yes ☐ / No ☐
- 아이가 물감과 같은 재료를 만지거나 몸에 닿는 것을 싫어하나요? Yes ☐ / No ☐
- 아이에게 소근육 활동이 필요한가요? Yes ☐ / No ☐
- 물약병을 혼자서 잘 짤 수 있나요? Yes ☐ / No ☐

"행성이 내 손 안에?"

물약병에 물과 물감을 덜어놓고, 두 개의 종이접시 바닥이 위로 오게 한 후 그 위에 물감을 짜주세요. 너무 많이 짜면 물감이 넘쳐 흐를 수 있으니, 조금씩 다양한 색으로 짤 수 있게 유도해주세요. 다 뿌렸으면 두 접시를 잡고 서로 비비면 완성이에요!

"종이접시 위에 ○○이가 좋아하는 색을 뿌려보자."

"천천히 조금씩 뿌려볼까?"

"다 뿌렸으면 서로 비벼보자. 짠! 멋지다."

"멋진 우주가 되었네?"

물감을 바람이 잘 통하는 곳에 두어 잘 말린 다음 아이와 함께 큰 전지나 검은색 종이 위에 놓고 멋진 우주를 만들어 보세요.

"이건 무슨 행성이야?"

"빙글빙글 돌렸더니 멋진 지구가 만들어졌어."

오감자극 TIP

- 완성된 행성 접시를 검은색 종이에 붙이고, 반짝이 풀을 이용하여 별을 표현해주면 실제 우주 같은 느낌을 낼 수 있어 아이들이 좋아할 거예요. 검은색 종이가 없다면 흰색 종이를 사용해서 꾸며도 좋아요.
- 놀이 전 우주의 행성에 관한 책을 미리 보여주고 이야기하면 더욱 쉽게 이해하고 재미있어 할 거예요.

생후 37개월 이후

은빛 위에 그린 나의 그림

준비물 종이 상자, 포일, 털실 또는 끈, 유성매직

오늘은 반짝반짝 포일을 이용한 포일아트를 해 볼게요. 방법은 간단해요. 포일에 멋지게 그림만 그리면 돼요. 여기에 몬드리안 명화처럼 그림에 선을 만들어 각각 다른 도형에 색칠도 해 보면 정말 멋지겠죠? 나만의 반짝거리는 몬드리안 그림. 실을 이리저리 끼우면서 소근육 발달도 되고 다양한 도형이 나오니 상상력도 길러지는 놀이예요. 혼자서도 충분히 할 수 있는 재미있고 쉬운 놀이랍니다.

놀이 전 CHECK! CHECK!

- 아이가 앉아서 하는 활동에 흥미 있어 하나요?   Yes ☐ / No ☐
- 아이에게 소근육 활동이 필요한가요?   Yes ☐ / No ☐
- 색칠하기나 그림 그리기를 좋아하나요?   Yes ☐ / No ☐

"내 마음대로 도형 만들기"

엄마는 종이 상자의 가장자리를 따라 일정한 간격으로 칼집을 내 주세요. 아이는 얇은 끈이나 털실을 칼집을 낸 곳에 이리저리 돌리며 끼워주세요.

"종이에 마음대로 실을 끼워보자."

"거미줄같이 만들어졌어."

"동그라미, 세모, 네모 모양이 나왔어요."

"포일 위에서 쾅쾅쾅!!!"

털실을 끼운 종이 상자 위에 포일을 씌워서 끈이나 털실의 형태가 나타나도록 손으로 쾅쾅 쳐보아요.

"포일을 이렇게 꾹꾹 눌러보자."

"털실 자국이 포일에 남았네."

"쓱싹쓱싹 색칠해요"

은박지에 남은 실자국으로 만들어진 도형 안을 아이가 원하는 색으로 칠해주면 돼요. 손에 묻거나 지워지지 않도록 유성매직을 사용해주세요.

"엄마는 노란색으로 삼각형 모양을 칠해 볼게."

"○○이도 좋아하는 색으로 모양에 맞춰 색을 칠해 볼까?"

"다양한 색깔로 색칠하니까 정말 예쁜 것 같아."

| 오감자극 TIP |

색칠을 꼼꼼히 하지 않아도 돼요. 아이의 집중 시간에 맞게 흥미가 떨어지면 놀이를 멈추어 주세요.

생후 37개월 이후

휙휙 카드를 뒤집어 보자

준비물 종이 상자, 색종이(두 가지 색), 스티커

카드 뒤집기 놀이를 해 볼게요. 카드 뒤집기 놀이는 민첩성을 키우고 소근육 발달에도 도움이 되는 아주 좋은 활동이죠. 우리 아이의 승부욕을 끌어 올리는 놀이가 될 거예요. 엄마, 아빠 또는 형제끼리 게임을 해 보면서 규칙도 익히고 가족 모두가 참여할 수 있는 즐거운 시간을 가져보세요. 항상 그렇듯 엄마, 아빠가 너무 승부욕에 불타시면 아니 됩니다요.

놀이 전 CHECK! CHECK!

- 아이가 마음껏 놀이를 할 수 있는 공간이 확보되어 있나요? Yes ☐ / No ☐
- 아이가 활동적인 놀이를 좋아하나요? Yes ☐ / No ☐
- 아이가 간단한 규칙을 이해하며 놀이를 할 수 있나요? Yes ☐ / No ☐
- 아이에게 소근육 활동이 필요한가요? Yes ☐ / No ☐

"예쁜 색이 좋아요"

엄마는 종이 상자를 네모 모양으로 짝수로 잘라주세요. 색이 전혀 다른 두 가지 색을 자른 종이 상자의 양쪽에 하나씩 붙여주세요. 아이가 좋아하는 색, 다른 사람이 좋아하는 색으로 하나씩 골라 붙이면 돼요.

"우리 ○○이는 무슨 색이 좋아?"

"엄마와 시합했어요"

카드를 바닥에 놓고 정해진 시간에 자기가 고른 색이 많이 보이면 이기는 놀이를 해 보세요. 신나는 노래를 부르면서 노래가 끝날 때까지 게임을 해주면 돼요.

"카드 뒤집기를 해 볼 거야. ○○이가 좋아하는 색이 많이 나오면 이기는 게임이야."
"곰 세 마리가 한 집에 있어 아빠곰, 엄마곰, 아기곰~… 으쓱으쓱 잘한다. 그만!!!!"
"세어보자. 하나, 둘, 셋, 넷, 다섯, 여섯 개. 아빠는 네 개."
"우리 ○○가 이겼다."
"엄마가 졌네~ 그래도 게임이 재미있어서 신난다. 그렇지?"

| 오감자극 TIP |

- 색깔로만 게임을 하기 어려워한다면 아이가 좋아하는 스티커를 한 가지 색에만 붙이고 스티커가 위로 보이게 뒤집도록 유도해주세요.
- 집에서 승자와 패자가 있는 게임을 하면 난감할 때가 많아요. 특히 승부욕이 많은 아이는 지는 걸 유독 싫어하죠. 놀이에서 이기고 지는 것에 대해 초점을 맞추기보단 게임 상황에서 즐거움을 느낄 수 있도록 해주세요. 놀이 시, 부모님은 아이가 이기고 지는 비율을 적절히 조절해주시고 엄마, 아빠가 질 경우 지는 것도 즐거운 경험인 것처럼 자연스럽게 받아들이는 모습을 보여주세요. "엄마는 져도 기분이 좋아. 너와 게임하는 게 너무 즐거워."라고 말해주세요. 경쟁이 목적이 아닌 놀이로 즐거운 시간이 되길 바라봅니다. 재밌자고 시작한 놀이가 울음바다로 끝나지 않게 해주세요.

생후 37개월 이후

내 얼굴 퍼즐

🧺 **준비물** 블록, 아이 사진 출력물, 박스테이프 또는 투명 시트지

다른 장난감은 금세 질려 해서 사주고 나서도 아까운 생각이 드는데 블록은 그렇진 않더라고요. 이리저리 끼우면서 상상도 하고 소근육도 발달될 뿐만 아니라 집중력까지 키울 수 있는 블록 놀이. 하지만 점점 피스가 늘어 가면 감당이 안 되긴 해요. 걷다가 밟기라도 한 날은 "으악!" 소리가 날만큼 지압효과가 아주 커서 요리조리 피해 다녀야 할 정도예요. 오늘은 블록을 활용한 놀이를 하나 소개해 드릴까 해요. 바로 퍼즐로 활용하는 건데요. 재미있는 그림이나 아이의 모습이 담긴 사진을 활용하여 퍼즐을 만들어주면 정말 좋아해요. 블록 놀이도 하고 퍼즐 놀이도 할 수 있는 유익한 놀이를 소개할게요.

놀이 전 CHECK! CHECK!

- 아이가 블록 놀이를 좋아하나요? Yes ☐ / No ☐
- 아이가 퍼즐로 간단한 그림을 맞출 수 있나요? Yes ☐ / No ☐
- 아이에게 소근육 활동이 필요한가요? Yes ☐ / No ☐

"내가 모델이 되었어요"

적당한 크기의 블록을 고른 뒤 아이의 전신 사진이나 동물 그림 등을 출력해서 붙여주세요. 아이의 개월 수와 퍼즐 끼우기 능력 정도에 따라 블록의 개수와 크기를 조절해 주세요. 블록 크기에 맞게 출력물을 자른 후 풀로 붙이고 그 위를 박스테이프나 투명 시트지로 붙여주시면 돼요. 아이에게 완성된 그림을 먼저 보여주고 함께 분리한 후 다시 조립하면서 놀아보아요.

"우리 ○○가 퍼즐이 되었어."
"우리 ○○이를 조립해 볼까?"
"해 보다가 힘들면 엄마가 도와줄게."
"완성!"

| 오감자극 TIP |

최대한 아이가 스스로 퍼즐을 끼울 수 있도록 도와주세요. 아이가 도움을 요청하면 완성된 그림을 함께 보면서 힌트만 주세요. 아이가 직접 퍼즐 조각을 찾게 해서 조금이라도 스스로 문제해결을 할 수 있도록 도와주세요. 엄마도 아이도 조급하지 않게 충분히 시간을 갖고 완성해주세요.

생후 37개월 이후

우리 집 그림자 인형극장

준비물 작은 상자, 종이 포일 또는 흰 종이, 나무젓가락, 장난감, 손전등 또는 휴대전화

우리 아이들 그림자놀이 정말 좋아하죠? 예전 유튜브에서 자기 그림자를 보고 놀라 우는 아이를 보고 신나게 웃었던 기억이 나요. 어릴 때는 손전등이나 햇빛으로 그림자를 만들어서 재미있게 놀았었죠. 오늘은 색다르게 그림자 극장을 만들어 그림자 인형극으로 놀아 보려고 해요. 외국에서도 DIY 섀도 퍼핏(DIY Shadow Puppet, 그림자놀이 인형)을 많이 하더라고요. 만들기도 쉽고 함께 스토리를 만들어 독후 활동도 가능한 만능 인형극장이랍니다.

놀이 전 CHECK! CHECK!

- 아이가 어두운 곳을 무서워하지 않나요? Yes ☐ / No ☐
- 아이가 그림자의 원리를 이해하고 놀이에 흥미가 있나요? Yes ☐ / No ☐
- 엄마와 함께 이야기를 만들며 노는 것을 좋아하나요? Yes ☐ / No ☐

"오늘부터 우리 집은 그림자 영화관"

엄마는 작은 상자의 바닥 부분을 잘라 종이 포일이나 흰 종이를 붙여 주세요. 뚜껑이 있는 상자라면 스티로폼을 붙여주어도 되고요. 스티로폼은 나무젓가락을 꽂으며 놀이를 할 수 있다는 장점이 있어요. 아이가 좋아하는 장난감이나 그림을 손전등이나 휴대전화 플래시로 비추며 엄마와 아이가 함께 멋진 이야기를 만들어 보세요.

"옛날옛날, 예쁜 토끼 한 마리가 산속에 살고 있었어요."
"남자 토끼도 끼워 줄까? 깡충깡충 어디로 가니?"
"또봇이랑 터닝메카드도 구하러 와주었구나?"

| 오감자극 TIP |
독후 활동을 원하면 등장인물을 어두운 색으로 복사하거나 그림을 그려 비춰주면 돼요.

생후 37개월 이후

커피 머드놀이

🧺 **준비물** 커피 원두 찌꺼기, 물, 붓, 종이, 스파게티 면

원두커피 가루 놀이는 아이들이 너무 좋아하는 놀이예요. 커피 머드를 이용한 진흙놀이를 해 보세요. 더러워지는 놀이가 뭐가 재미있냐고요? 머드 축제, 토마토 축제도 온몸이 더러워지지만 정말 신나게 놀잖아요. 비슷한 느낌이라고 생각하면 돼요. 커피 가루 놀이를 먼저 하고 놀이가 끝나면 물을 사용해 커피 머드놀이로 바꿔 즐겨보세요. 머드 속 벌레 잡기도 하고, 진흙 목욕 놀이도 할 수 있어요. 지금부터 원두커피 가루를 활용한 재미있는 놀이를 함께해 볼까요?

놀이 전 CHECK! CHECK!

- 아이가 커피 가루나 머드 같은 재료를 만지거나 몸에 닿는 것을 좋아하나요?   Yes ☐ / No ☐
- 아이가 만지고 탐색하는 놀이를 좋아하나요?   Yes ☐ / No ☐
- 아이에게 자기 주도 놀이를 해주고 싶은가요?   Yes ☐ / No ☐
- 아이가 마음껏 놀이를 할 수 있는 영역이 확보되어 있나요?   Yes ☐ / No ☐

"검은색 가루의 정체는?"

카페에 가면 커피 원두 찌꺼기는 쉽게 구할 수 있어요. 작은 바구니에 담아 가루를 만져보며 탐색하는 시간을 가져보세요.

"느낌이 어때? 부슬부슬하지?"
"고소한 향기도 나는 것 같아."

"지금은 진흙 목욕 타임!"

가루 탐색이 모두 끝났다면 커피 원두 찌꺼기에 물을 섞어서 질퍽하게 만들어주세요. 돼지 그림이 그려진 종이를 아이에게 주고 돼지의 몸을 커피물로 색칠해 보도록 해주세요. 우리가 보는 그림책엔 깨끗한 돼지만 있지만 실제로는 그렇진 않잖아요. 진흙 속에서 뒹굴뒹굴하면서 더러워진 돼지의 모습을 표현해주세요.

"꿀꿀 돼지가 진흙 목욕을 하고 싶대."
"우리 ○○가 색칠해 줄까?"

"진흙 속 지렁이 찾기"

질퍽해진 커피 머드에 삶은 스파게티 면을 넣으면 꼭 지렁이같이 보여요. 우리는 징그러워 보여도 아이들은 너무 좋아해요. 지렁이를 찾아 건져내는 놀이를 해 보세요.

"진흙 속에 지렁이를 숨겨주자."
"꼭꼭 숨어라 머리카락 보인다."
"우아, 찾았다."

| 오감자극 TIP |

- 돼지 그림이 아닌 다른 동물을 그려보아도 좋아요.
- 스파게티 면이 없으면 모루나 털실 같은 길다란 재료를 사용하세요.
- 스파게티 면을 건지는 과정을 통해 손가락 힘을 기를 수 있어요.

활용놀이

원두 찌꺼기를 잘 말려서 모래 놀이처럼 사용해도 돼요. 곰팡이가 금방 생겨 오래 보관하기는 힘들겠지만 한두 번 모래 놀이로 활용하기에는 딱 좋아요.

참고문헌

- Korean – Denver Developmental Screening Test-II (한국형 덴버발달선별검사)
- Motor Skills Acquisition in the First Year An Illustrated to Normal Development_Lois Bly, M.A., PT 지음
- 감각통합의 실제 Building Bridges through Sensory Integration_Ellen Yack, M.ed., B.Sc(OT), Shirley Sutton, B.Sc(OT), Paula Acquilla, B.Sc(OT) 지음/권혜련 외 7 옮김/영문출판사
- 감각통합과 아동_A. Jean Ayres, PH.D 지음/김경미 옮김/군자출판사
- 감각 통합과 아동 발달_에이레스 지음/강갑원 옮김/KSI한국학술정보(주)
- 내 아이를 위한 마법의 언어코칭_나카가와 노부코 지음/황혜숙 옮김/에밀
- 베이비토크_샐리 워드 지음/민병숙 옮김/주현실 감수/마고북스
- 아동을 위한 움직임 놀이:아동의 발달을 어떻게 촉진할까?_Peter Ehrlich, Klaus Heimann 지음/조혜경 옮김/서울장애인종합복지관
- 아동과 청소년을 위한 이완기법_Ulrike Peter 지음/김인옥 옮김/서울장애인종합복지관
- 우리아이 즐거워요_캐롤 스탁 크라노비츠 지음/서득영, 이옥경 옮김/서울장애인종합복지관
- 우리 아이 왜 이럴까? 감각정보처리(감각통합) 장애의 이해와 대처_캐롤스탁 크라노비츠 지음/남용현, 이미경 옮김/서울장애인종합복지관
- (아이들을 이해하고 돕기 위한) 감각통합 Q&A_대한감각통합치료학회 김경미, 지석연, 노종수 공역/정담미디어
- 임신 출산 육아 대백과_편집부 지음/삼성출판사

초판 1쇄 발행 2017년 7월 5일
초판 8쇄 발행 2022년 8월 10일

지은이 강윤경, 김원철
펴낸이 정용수

편집장 김민정 편집 조혜린
표지디자인 김도영 내지디자인·편집 신묘순 일러스트 김희주
영업·마케팅 김상연 정경민
제작 김동명 관리 윤지연

펴낸곳 ㈜예문아카이브
출판등록 2016년 8월 8일 제2016-000240호
주소 서울시 마포구 동교로18길 10 2층(서교동 465-4)
문의전화 02-2038-3372 주문전화 031-955-0550 팩스 031-955-0660
이메일 archive.rights@gmail.com 홈페이지 yeamoonsa.com
인스타그램 yeamoon.arv

ISBN 979-11-87749-34-9 13590

㈜예문아카이브는 도서출판 예문사의 단행본 전문 출판 자회사입니다. 널리 이롭고 가치 있는 지식을 기록하겠습니다.
이 책 내용의 전부 또는 일부를 이용하려면 반드시 저작권자와 ㈜예문아카이브의 서면 동의를 받아야 합니다.

* 책값은 뒤표지에 있습니다. 잘못된 책은 구입하신 곳에서 바꿔드립니다.